Schnelles Geld für College-Studenten

SCHNELLES GELD FÜR COLLEGE-STUDENTEN

von: D.K. Hawkins
Serie "Schnelles Geld"
Version 1.1 ~Januar 2023
Veröffentlicht von D.K. Hawkins bei KDP
Copyright ©2023 by D.K. Hawkins. Alle Rechte vorbehalten.

Kein Teil dieser Veröffentlichung darf ohne vorherige schriftliche Genehmigung der Herausgeber in irgendeiner Form oder mit irgendwelchen Mitteln, einschließlich Fotokopien, Aufzeichnungen oder anderen elektronischen oder mechanischen Methoden oder mit Hilfe eines Informationsspeicher- oder -abrufsystems, vervielfältigt, verbreitet oder übertragen werden, mit Ausnahme von sehr kurzen Zitaten in kritischen Rezensionen und bestimmten anderen nichtkommerziellen Verwendungen, die nach dem Urheberrecht zulässig sind.

Alle Rechte vorbehalten, einschließlich des Rechts auf vollständige oder teilweise Vervielfältigung in jeder Form.

Alle Angaben in diesem Buch wurden sorgfältig recherchiert und auf ihre sachliche Richtigkeit überprüft. Der Autor und der Herausgeber übernehmen jedoch keine Garantie, weder ausdrücklich noch stillschweigend, dass die hierin enthaltenen Informationen für jede Person, jede Situation oder jeden Zweck geeignet sind, und übernehmen keine Verantwortung für Fehler oder Auslassungen.

Der Leser übernimmt das Risiko und die volle Verantwortung für alle Handlungen. Der Autor kann nicht für Verluste oder Schäden verantwortlich gemacht werden, die sich aus den in diesem Buch enthaltenen Informationen ergeben, seien es Folgeschäden, zufällige Schäden, besondere Schäden oder sonstige Schäden.

Alle Bilder sind frei verwendbar oder von Stockfoto-Websites erworben oder lizenzfrei für die kommerzielle Nutzung. Ich habe mich bei der Erstellung dieses Buches auf meine eigenen Beobachtungen sowie auf viele verschiedene Quellen gestützt, und ich habe mein Bestes getan, um Fakten zu überprüfen und Quellenangaben zu machen, wo sie angebracht sind. Sollte Material ohne entsprechende Erlaubnis verwendet worden sein, kontaktieren Sie mich bitte, damit das Versehen korrigiert werden kann.

Die in diesem Buch enthaltenen Informationen dienen nur zu Informationszwecken und sind nicht als Quelle für Ratschläge oder Kreditanalysen in Bezug auf das dargestellte Material gedacht. Die in diesem Buch enthaltenen Informationen und/oder Dokumente stellen keine Rechts- oder Finanzberatung dar und sollten niemals ohne vorherige Rücksprache mit einem Finanzfachmann verwendet werden, um festzustellen, was für Ihre individuellen Bedürfnisse am besten geeignet ist.

Der Herausgeber und der Autor geben keine Garantie oder andere Versprechen hinsichtlich der Ergebnisse, die durch die Verwendung des Inhalts dieses Buches erzielt werden können. Sie sollten niemals eine Investitionsentscheidung treffen, ohne vorher Ihren eigenen Finanzberater zu konsultieren und Ihre eigenen Nachforschungen und Sorgfaltsprüfungen durchzuführen. Soweit gesetzlich zulässig, lehnen der Herausgeber und der Autor jegliche Haftung für den Fall ab, dass sich die in diesem Buch enthaltenen Informationen, Kommentare, Analysen, Meinungen, Ratschläge und/oder Empfehlungen als ungenau, unvollständig oder unzuverlässig erweisen oder zu Investitions- oder anderen Verlusten führen.

Der in diesem Buch enthaltene oder zur Verfügung gestellte Inhalt stellt keine Rechts- oder Anlageberatung dar, und es wird keine Beziehung zwischen Anwalt und Mandant begründet. Der Herausgeber und der Autor stellen dieses Buch und seinen Inhalt auf einer "wie besehen"-Basis zur Verfügung. Die Nutzung der Informationen in diesem Buch erfolgt auf eigene Gefahr.

INHALTSVERZEICHNIS.

INHALTSVERZEICHNIS. 3

EINFÜHRUNG. 5

KAPITEL 1: WIE MAN SCHNELLES GELD VERDIENT. 9

1. ARTIKEL ONLINE AUF WEBSITES WIE EBAY VERKAUFEN. 9

2. NACHHILFE IN EINEM FACH GEBEN, IN DEM SIE BESONDERS GUT SIND. 13

3. HANDGEFERTIGTE PRODUKTE AUF ETSY ODER ÄHNLICHEN PLATTFORMEN VERKAUFEN. 17

4. IHRE LEHRBÜCHER AN ANDERE STUDENTEN VERLEIHEN. 21

5. EBAY-AUCTIONS. 25

6. HAUSTIER-SITTERDIENSTE ODER HUNDEAUSFÜHREN ANBIETEN. 29

7. GELEGENHEITSARBEITEN FÜR MENSCHEN IN IHRER GEMEINDE ERLEDIGEN. 33

8. EIN ZIMMER ODER EINE IMMOBILIE AUF AIRBNB VERMIETEN. 37

9. FREIBERUFLICHE DIENSTLEISTUNGEN ERBRINGEN. 46

10. TEILNAHME AN BEZAHLTEN FOKUSGRUPPEN ODER UMFRAGEN. 50

11. VERKAUFEN SIE IHRE FOTOS AUF STOCKFOTOGRAFIE-WEBSITES. 57

12. EIN PERSÖNLICHER ASSISTENT ODER EIN BOTENGÄNGER. . 61

13. IHR AUTO VERMIETEN. 64

14. TEILNAHME AN KLINISCHEN STUDIEN ODER MEDIZINISCHEN VERSUCHEN. 68

15. DIENSTLEISTUNGEN DES VIRTUELLEN ASSISTENTEN. 73

16. VERKAUFEN SIE IHRE GEBRAUCHTE KLEIDUNG ODER ACCESSOIRES. 76

17. IHRE NACHHILFE- ODER LEHRFÄHIGKEITEN AUF WEBSITES VERKAUFEN. 80

18. FREIBERUFLICHER SCHRIFTSTELLER ODER REDAKTEUR 83

19. BEZAHLTE ONLINE-MÖGLICHKEITEN UND MODELING. 87

20. ARTIKELVERMARKTUNG. 90

21. MIKRO-JOB-PORTALE. 94

22. PARTNERPROGRAMME. 99

23. GOOGLE ADSENSE. 104

24. TRANSKRIPTIONISTEN ZU HAUSE 109

25. BARTENDING. 112

26. TEILNAHME AN BEZAHLTEN PRAKTIKA ODER LEHRSTELLEN. 115

27. FREIBERUFLICHE UND GIG-ECONOMY-JOBS. 122

KAPITEL 2: SCHRITTE FÜR DEN EINSTIEG IN DAS SCHNELLE GELD. 128

SCHLUSSFOLGERUNG. 134

EINFÜHRUNG.

Sind Sie ein Student, der sein Leben verbessern möchte, indem er schnelles Geld verdient? Ich mache Ihnen keinen Vorwurf, mein Freund, denn ich weiß, wie schwierig die Studienzeit in finanzieller Hinsicht sein kann. Sie können jetzt aufhören, sich Sorgen zu machen, denn ich werde Ihnen erklären, wie Studenten schnelles Geld verdienen können, ohne ihre Ausbildung zu beeinträchtigen.

Wenn Sie mit dem Internet vertraut sind - und ich bin sicher, das sind Sie -, dann sind Sie zweifellos schon auf unzählige Anzeigen für Online-Geldverdienstmöglichkeiten gestoßen. Leider handelt es sich bei den meisten dieser Angebote um betrügerische Machenschaften, die darauf abzielen, Ihr Geld zu stehlen.

Wenn Ihnen jemand versichert, dass Sie Zehntausende von Dollar verdienen können, ohne irgendetwas dafür tun zu müssen, dann versucht er,

Sie zu betrügen, wie Sie sicher schon wissen. Es gibt jedoch legitime Möglichkeiten, schnelles Geld zu verdienen, ohne Vollzeit zu arbeiten.

Wie Sie vermutlich bereits wissen, werben Tausende von Unternehmen, von großen Konzernen bis hin zu kleinen Firmen, im Internet. Diese Unternehmen sind gerne bereit, Personen zu entschädigen, die sie bei ihren Werbebemühungen unterstützen.

Daher müssen Sie einen kleinen Aufwand betreiben, um dieses schnelle Geld zu verdienen, aber es ist eine relativ einfache Aufgabe, die nicht viel von Ihrer Zeit in Anspruch nimmt.

Ich wünschte, ich hätte von dieser Möglichkeit, Geld zu verdienen, schon während meines Studiums gewusst; es hätte einen großen Unterschied während meiner Ausbildungsjahre gemacht. Wenn Sie sich für diese einfache Möglichkeit, zusätzliches Geld zu verdienen, interessieren, werden Sie natürlich die Unternehmen mit den höchsten Löhnen ausfindig machen wollen. Darauf gibt es nur eine Antwort, die Sie bekommen müssen.

Als Student kann es vorkommen, dass man mehr Geld braucht. Es gibt viele Möglichkeiten für College-Studenten, schnell Geld zu verdienen, egal ob sie für Lehrbücher oder die Miete aufkommen müssen oder einfach nur ein bisschen mehr Taschengeld brauchen. Dieses Buch befasst sich mit verschiedenen Möglichkeiten für Studenten, die ein zusätzliches Einkommen suchen. Ich werde viele effiziente Möglichkeiten des Geldverdienens erörtern, von Teilzeitjobs auf dem Campus bis hin zu freiberuflicher Arbeit und Gig-Economy-Auftritten.

Dabei sollte man bedenken, dass diese Lösungen nicht für jeden geeignet oder zugänglich sind. Für einige sind spezielle Kenntnisse oder Erfahrungen erforderlich, während andere nur in bestimmten Regionen zugänglich sind. Bevor man sich auf eine Gelegenheit einlässt, sollte man die potenziellen Risiken und Chancen gründlich abwägen.

In diesem Sinne wollen wir nun viele Möglichkeiten zum schnellen Geldverdienen für Studenten untersuchen.

Ich hoffe, dass diese Ressource Ihnen nützliche Informationen und Ideen liefert, während Sie Ihre Möglichkeiten zum Geldverdienen untersuchen.

Viel Spaß beim Lesen.

KAPITEL 1: WIE MAN SCHNELLES GELD VERDIENT.

1. ARTIKEL ONLINE AUF WEBSITES WIE EBAY VERKAUFEN.

Als Student können Sie Dinge auf Online-Marktplätzen wie eBay oder Poshmark verkaufen, um schnelles Geld zu verdienen. Dies ist eine hervorragende Alternative für Studierende, die wenig gebrauchte Kleidung, Accessoires und andere Waren haben, die sie nicht mehr benötigen oder benutzen. Sie können ein großes Publikum erreichen und einen beträchtlichen Gewinn erzielen, indem Sie diese Dinge auf einem Internetmarktplatz anbieten.

Zu Beginn müssen Sie auf der von Ihnen gewählten Plattform ein Verkäuferkonto einrichten.

Dazu müssen Sie in der Regel persönliche Daten wie Ihren Namen und Ihre Kontaktinformationen angeben. Außerdem müssen Sie einen Zahlungsmechanismus einrichten, z. B. ein PayPal-Konto, um Zahlungen von Käufern einzuziehen.

Sobald Sie Ihr Konto eingerichtet haben, können Sie Ihre Artikel zum Verkauf anbieten. Achten Sie darauf, dass Sie Bilder von Ihren Gegenständen machen, die gut beleuchtet sind, und dass Sie genaue, aussagekräftige Beschreibungen liefern. Geben Sie Ihre bevorzugten Zahlungs- und Versandoptionen sowie Ihre Rückerstattungs- oder Umtauschbedingungen an.

Ein hervorragender Kundenservice ist für Ihren Erfolg als Online-Händler unerlässlich. Dazu gehört, dass Sie schnell auf Anfragen reagieren, Ihre Richtlinien offen und transparent darlegen und alle Versprechen gegenüber Ihren Kunden einhalten.

Außerdem sollten Sie bereit sein, mehr zu tun, um zu gewährleisten, dass Ihre Kunden mit ihren Einkäufen zufrieden sind. Dazu kann es gehören, weitere Informationen über den Artikel und neue Fotos zur Verfügung zu stellen oder Fragen des Käufers zu beantworten.

Neben dem Verkauf von Dingen, die Sie nicht mehr brauchen oder wollen, können Sie auch den Ankauf von Gegenständen aus Secondhand-Läden, Flohmärkten und anderen Quellen in Betracht ziehen. Stellen Sie sicher, dass Sie angemessene Nachforschungen anstellen und nur Produkte erwerben, die in gutem Zustand sind und sich wahrscheinlich gut verkaufen lassen. Dies ist eine gute Methode, um seltene oder schwer zu findende Produkte zu finden und gewinnbringend weiterzuverkaufen.

Sie können Ihre Verkäufe auf einem Online-Marktplatz auch verbessern, indem Sie Ihre Angebote für Suchmaschinen optimieren. Dazu müssen Sie wichtige Schlüsselwörter in Ihre Titel, Beschreibungen, Tags und Kategorien einbauen. Erwägen Sie die Verwendung relevanter Hashtags in sozialen Medien, um Ihre Angebote zu bewerben und potenzielle Käufer anzulocken.

Der Online-Verkauf von Produkten bei eBay oder Poshmark kann eine hervorragende Möglichkeit für Studenten sein, schnell an Geld zu kommen. Sie können Ihre gebrauchten Produkte in ein profitables Nebengeschäft umwandeln, indem Sie kontinuierlich einen hervorragenden Kundenservice bieten und Ihre Angebote für die Suche optimieren.

Ganz gleich, ob Sie Dinge verkaufen, die Sie nicht mehr brauchen oder benutzen, oder ob Sie Artikel zum Weiterverkauf finden, Studenten, die durch Internetverkäufe schnelles Geld verdienen möchten, haben viele Möglichkeiten. Daher ist es eine ausgezeichnete Option für Studenten.

2. NACHHILFE IN EINEM FACH GEBEN, IN DEM SIE BESONDERS GUT SIND.

Als Student können Sie sich in einigen Fächern auszeichnen und gleichzeitig nach Möglichkeiten suchen, zusätzliches Geld zu verdienen. Sie können erwägen, Nachhilfe in einem Fach anzubieten, in dem Sie besonders gut sind.

Nachhilfe kann eine schnelle Möglichkeit sein, schnell Geld zu verdienen, vor allem, wenn Sie ein Fach sehr gut verstehen und es gut ausdrücken und unterrichten können. Es gibt viele Möglichkeiten, Nachhilfedienste anzubieten, und Sie können Ihren Ansatz auf Ihre spezifischen Bedürfnisse und Ziele abstimmen.

Hier sind einige Vorschläge für den Einstieg in eine Karriere als Nachhilfelehrer:

Bestimmen Sie Ihre Stärken: In welchen Disziplinen sind Sie besonders gut? Gibt es innerhalb dieser Disziplinen bestimmte Themen, in denen Sie sich sehr sicher fühlen? Die Ermittlung Ihrer Stärken kann Ihnen dabei helfen, sich auf die Disziplinen zu konzentrieren, in denen Sie als Tutor den größten Nutzen bringen können.

Ermitteln Sie Ihre Verfügbarkeit: Überlegen Sie, wie viel Zeit Sie der Nachhilfe widmen können. Sind Sie in der Lage, ein paar Stunden pro Woche Nachhilfe zu geben, oder möchten Sie lieber intensive Sitzungen abhalten? Wenn Sie Ihre Verfügbarkeit bestimmen, können Sie Ihre Nachhilfedienste am besten strukturieren.

Legen Sie Ihre Preise fest: Legen Sie den Betrag fest, den Sie für Nachhilfestunden berechnen möchten. Denken Sie daran, dass Sie genug verlangen sollten, um Ihre Zeit und Arbeit zu decken und gleichzeitig mit anderen örtlichen Nachhilfelehrern konkurrenzfähig zu bleiben. Sie sollten auch Rabatte für langjährige oder wiederkehrende Kunden in Betracht ziehen.

Es gibt verschiedene Methoden, um für Ihre Nachhilfedienste zu werben. Sie können in sozialen Medien werben, Flyer auf dem Campus verteilen oder Studenten per E-Mail oder persönlich ansprechen. Überlegen Sie, ob Sie sich bei einer Nachhilfeplattform wie TutorMe oder Skooli anmelden, die Ihnen helfen kann, mit potenziellen Kunden in Kontakt zu treten.

Der Schlüssel zu einem erfolgreichen Nachhilfegeschäft liegt darin, gute Beziehungen zu Ihren Kunden aufzubauen. Seien Sie ansprechbar, höflich und professionell, und hören Sie sich die Bedürfnisse und Ziele Ihrer Kunden an. Wenn Sie ein gutes Verhältnis zu Ihren Kunden aufbauen, fühlen sie sich wohler und haben mehr Vertrauen in ihr Lernen, was zu besseren Ergebnissen und größerer Zufriedenheit führt.

Insgesamt kann die Erbringung von Nachhilfedienstleistungen in einem Fach, in dem Sie besonders gut sind, eine hervorragende Möglichkeit für Studenten sein, schnelles Geld zu verdienen. Indem Sie Ihre Stärken erkennen, Ihre Verfügbarkeit definieren, Ihre Preise festlegen, Ihre Dienste bekannt machen und eine solide Beziehung zu Ihren Kunden aufbauen, können Sie ein erfolgreiches Nachhilfegeschäft aufbauen, das Ihnen hilft, Ihre finanziellen Ziele zu erreichen. Daher ist dies ein ausgezeichneter Ansatz für Studenten, um Geld zu verdienen.

3. HANDGEFERTIGTE PRODUKTE AUF ETSY ODER ÄHNLICHEN PLATTFORMEN VERKAUFEN.

Der Verkauf von handgefertigten Produkten auf Etsy oder anderen ähnlichen Websites kann für Studierende eine gute Möglichkeit sein, schnelles Geld zu verdienen. Sie können nicht nur Ihre kreativen Fähigkeiten einsetzen, sondern auch Ihre Arbeitszeiten selbst bestimmen und in Ihrem eigenen Tempo arbeiten.

Bevor Sie ein Unternehmen gründen, sollten Sie unbedingt Nachforschungen anstellen und einen Plan erstellen. Hier sind einige Vorschläge, die Ihnen den Einstieg erleichtern:

Wählen Sie Ihr Spezialgebiet: Bestimmen Sie die Art der handgefertigten Artikel oder Produkte, die

Sie anbieten möchten. Wählen Sie eine Nische, für die Sie sich begeistern und in der Sie Erfahrung haben. Das kann Schmuck, Wohndekoration, Kleidung oder sogar Schreibwaren sein.

Bestimmen Sie Ihren Zielmarkt: An wen wollen Sie Ihr Kunsthandwerk oder Ihre Produkte verkaufen? Berücksichtigen Sie bei der Bestimmung Ihres Zielmarktes Alter, Geschlecht, geografische Lage und Hobbys.

Legen Sie Ihre Preise fest: Legen Sie den Preis für Ihr Kunsthandwerk oder Ihre Produkte auf der Grundlage des Zeit- und Materialaufwands für die Herstellung und der Marktnachfrage fest.

Entwickeln Sie eine Marke: Wählen Sie einen Namen und entwerfen Sie ein Logo für Ihr Unternehmen. Überlegen Sie, welches Image Sie vermitteln wollen und wie Ihre Kunden Sie wahrnehmen.

Erstellen Sie ein Verkäuferkonto auf Etsy oder einer vergleichbaren Plattform und richten Sie Ihren

Shop ein. Sie müssen ein Profil anlegen, Produkte und Preise hinzufügen und Zahlungs- und Versandoptionen auswählen.

Um Ihr Kunsthandwerk oder Ihre Produkte online zu verkaufen, ist es wichtig, qualitativ hochwertige Fotos zu machen. Verwenden Sie natürliches Licht und einen einfachen Hintergrund, und wenn es Ihr Budget erlaubt, sollten Sie einen professionellen Fotografen engagieren.

Verwenden Sie eine beschreibende Sprache, um die Aufmerksamkeit potenzieller Käufer zu erregen, und heben Sie die einzigartigen Eigenschaften Ihres Handwerks oder Ihrer Produkte bei der Erstellung von Produktbeschreibungen hervor.

Bieten Sie einen außergewöhnlichen Kundenservice: Reagieren Sie sofort auf Anfragen, und seien Sie bereit, alles zu tun, um die Zufriedenheit Ihrer Kunden zu gewährleisten. Dies kann dazu beitragen, das Vertrauen und die Loyalität der Kunden zu gewinnen.

Nutzen Sie E-Mail-Marketing, soziale Medien und andere Marketing-Taktiken, um neue Kunden zu gewinnen und Ihr Unternehmen bekannt zu machen.

Lernen Sie weiter: Bilden Sie sich als Unternehmer weiter und halten Sie sich über Nischentrends auf dem Laufenden. Dies kann Ihrem Unternehmen helfen, wettbewerbsfähig zu bleiben und sich weiter zu entwickeln.

Der Verkauf von handgefertigten Produkten auf Etsy oder ähnlichen Plattformen kann eine lohnende und profitable Methode für Studenten sein, um schnell zusätzliches Geld zu verdienen. Mit der richtigen Mentalität und den richtigen Techniken können Sie Ihre Leidenschaft in ein profitables Geschäft verwandeln.

4. IHRE LEHRBÜCHER AN ANDERE STUDENTEN VERLEIHEN.

Als Student wissen Sie, wie kostspielig Lehrbücher sein können. Aufgrund von Studiengebühren, Miete und anderen Kosten kann es schwierig sein, sich die notwendigen Kursmaterialien zu leisten. Hier kommt das Vermieten von Lehrbüchern an andere Studierende ins Spiel. Damit können Sie nicht nur etwas mehr Geld verdienen, sondern auch Studenten helfen, die versuchen, die teuren Lehrbücher zu bezahlen.

Wie können Sie Ihre Lehrbücher an andere Studierende vermieten? Hier sind einige Schritte, um Ihnen den Einstieg zu erleichtern:

Sammeln Sie Ihre Bücher: Machen Sie eine Bestandsaufnahme aller Texte aus den vergangenen Semestern und den aktuellen Kursen. Erstellen Sie eine Liste mit den Titeln, Autoren und Ausgabennummern, damit Sie bei der Ausleihe der Bücher leicht nachschlagen können.

Eine der wichtigsten Komponenten bei der Ausleihe von Lehrbüchern ist die Festlegung des Mietpreises. Recherchieren Sie zunächst den aktuellen Marktwert Ihrer Lehrbücher, um deren Wert zu ermitteln. Sie können auch die Preise in der Buchhandlung Ihrer Schule oder auf Websites wie Amazon und eBay vergleichen. Denken Sie daran, dass Sie einen Preis anbieten wollen, der nicht nur wettbewerbsfähig, sondern auch rentabel ist.

Sobald Sie den Preis festgelegt haben, den Sie für Ihre Schulbücher verlangen möchten, ist es an der Zeit, ein Angebot zu erstellen. Es gibt viele Websites und Plattformen, die sich auf die Vermietung von Lehrbüchern spezialisiert haben, z. B. TextbookRush und CampusBookRentals. Melden Sie sich einfach an, listen Sie Ihre Lehrbücher auf und wählen Sie den Mietpreis. Machen Sie ausführliche Angaben zum Zustand Ihrer Lehrbücher und fügen Sie Kommentare oder Hervorhebungen hinzu.

Sobald Ihre Angebote online sind, können Sie sie an andere Studierende vermarkten. Dies können Sie über soziale Medien, Campus-Broschüren oder einfach dadurch tun, dass Sie Ihre Kommilitonen und Bekannten auf Ihren Verleihservice aufmerksam machen. Je mehr Personen von Ihrem Vermietungsangebot wissen, desto wahrscheinlicher ist es, dass Sie Mieter finden.

Sobald Sie einen Mieter gefunden haben, ist es wichtig, den Vermietungsprozess effizient zu gestalten. Stellen Sie sicher, dass Ihre Mieter die Mietbedingungen kennen, einschließlich des Fälligkeitsdatums und etwaiger Säumniszuschläge. Sie können auch einen Mietvertrag in Erwägung ziehen, um die Mietbedingungen ausdrücklich zu beschreiben und sich vor möglichen Problemen zu schützen.

Der Verleih Ihrer Lehrbücher an andere Studierende ist eine fantastische Möglichkeit, sich etwas dazuzuverdienen und gleichzeitig Ihre Freunde zu unterstützen. Mit ein wenig Mühe und

Organisation können Sie Ihre ungenutzten Lehrbücher schnell in ein lukratives Nebengeschäft verwandeln.

5. EBAY-AUCTIONS.

Mit mehr als 212 Millionen registrierten Nutzern und 19 Millionen Artikeln, die jederzeit zum Verkauf stehen, ist eBay zweifelsohne der größte Marktplatz. Finden Sie ein interessantes Objekt, stellen Sie es mit einem Startpreis zum Verkauf ein und beobachten Sie, wie sich der Zauber entfaltet.

In nur zwei Tagen können Sie enorme Gewinne erzielen. Daher ist eBay eine der besten Möglichkeiten für Studenten, ein Einkommen zu erzielen. Mit nur wenigen Schritten und dem richtigen Maß an Ausdauer kann jeder Student auf dem besten Weg zu einem Teilzeit- oder sogar einem Vollzeiteinkommen sein.

Irgendjemand wird schon ein paar wertvolle Abfälle herumliegen haben. Bevor Sie sich zu sehr ins Zeug legen, müssen Sie zunächst ein Produkt erwerben. Wenn Sie an der Universität sind, haben Sie Zugang zu vielen kostenlosen Ressourcen. Jeder Student ist immer bestrebt, schnelles Geld zu verdienen, also schauen Sie sich in Studentenforen um und fragen Sie vor Ort nach. Versuchen Sie, Anzeigen auf Craigslist oder MySpace zu schalten; diese Websites sind hervorragend geeignet, um unerwünschte Dinge zu finden.

Wenn Sie im Streckengeschäft tätig sind, versuchen Sie, Ihre Gemeinkosten zu begrenzen. Sie können auch Garagenverkäufe, Secondhand-Läden und sogar kirchliche Trödelmärkte durchsuchen, und wenn Sie in Not sind, sollten Sie Websites wie Overstock.com (eine Discount-Website) und Doba.com (eine Großhandels-Dropshipping-Website) in Betracht ziehen. Diese Websites verlangen extrem hohe Gebühren für ihre Dienste, so dass es äußerst schwierig ist, einen Gewinn zu erzielen.

Als Nächstes müssen Sie ein eBay-Verkäuferkonto anlegen. eBay verlangt, dass Sie sowohl ein Käufer- als auch ein Verkäuferkonto anlegen, um zu verkaufen. Geben Sie die erforderlichen persönlichen Daten, eine gültige E-Mail-Adresse und eine Kreditkartennummer oder ein

Bankkonto ein, um sich zu legitimieren, und schon sind Sie fertig.

Sie sollten ein PayPal-Konto einrichten, auch wenn Sie Ihre Zahlungsmethode auswählen können. Es ist die wichtigste Zahlungsmethode bei eBay. Sobald Ihr Konto eingerichtet ist, können Sie loslegen.

Die meisten eBay-Verkäufer bezeichnen das Einstellen von Produkten als eine Kunst und eine Wissenschaft. Diejenigen, die bereits mit HTML für Websites wie MySpace vertraut sind, werden es einfach finden, Anzeigen zu erstellen. Wenn Sie jedoch mit der Programmierung nicht vertraut sind, bietet eBay einen einfach zu bedienenden HTML-Editor. Anstatt sich auf die verbesserten Dienste von eBay zu verlassen, empfehle ich, so viel HTML wie möglich zu verwenden, um die visuelle Attraktivität Ihrer Anzeige zu verbessern.

Die eBay-Dienste sind für den richtigen Artikel nützlich, können sich aber mit der Zeit summieren. Versuchen Sie, Ihre Bilder auf eine kostenlose Website hochzuladen, z. B. imageshack.us oder freeimagehosting.net, und fügen Sie den Link in Ihr HTML ein. So können Sie viele Bilder verwenden, ohne ein teures eBay-Bilderpaket zu kaufen.

In den letzten Schritten geben Sie die Preis- und Versandbedingungen sowie die Dauer der Auktion ein. Lassen Sie sich nicht entmutigen, wenn in den ersten Tagen keine Bieter erscheinen. Die meisten Bieter geben ihre Gebote innerhalb der letzten 24 Stunden ab. In dieser Zeit herrscht in der Regel Hektik, also versuchen Sie, die Transaktion mit anderen Anreizen zu versüßen. Entspannen Sie sich einfach und lassen Sie die Kunden zu Ihnen kommen.

6. HAUSTIER-SITTERDIENSTE ODER HUNDEAUSFÜHREN ANBIETEN.

Wenn Sie gerne Zeit mit Tieren verbringen und nach einer einfachen Möglichkeit suchen, schnelles Geld zu verdienen, könnte Tiersitting und Hundeausführen Ihre ideale Beschäftigung sein. Vor allem in Ballungsgebieten, in denen die Menschen nicht die Zeit oder die Fähigkeit haben, ihre Haustiere regelmäßig auszuführen, sind diese Dienstleistungen sehr gefragt. Im Folgenden finden Sie einige Vorschläge für den Einstieg in das Geschäft mit der Betreuung von Haustieren oder dem Gassigehen mit Hunden:

Möchten Sie sich an Berufstätige wenden, die jemanden brauchen, der tagsüber mit ihrem Hund Gassi geht? Oder möchten Sie Haustierbesitzern, die im Urlaub sind, eine Betreuung für ihr Tier über Nacht anbieten? Wenn Sie Ihren Zielmarkt kennen, können Sie Ihre Marketingbemühungen konzentrieren und Ihre Preise festlegen.

Legen Sie Ihre Preise fest: Legen Sie den Preis fest, den Sie für Ihre Dienstleistungen verlangen werden. Berücksichtigen Sie dabei Ihre Erfahrung, die Anzahl der Tiere, die Sie betreuen werden, und die Dauer Ihrer Zeit mit ihnen. Berücksichtigen Sie auch Ihren eigenen Zeitaufwand und Ihre Kosten, z. B. für den Transport.

Ziehen Sie den Abschluss einer Haftpflichtversicherung in Betracht, um sich und Ihr Unternehmen vor Unfällen oder Verletzungen zu schützen. Wie bei jedem Unternehmen ist es wichtig, ein professionelles Erscheinungsbild zu schaffen. Dazu können eine Website, Visitenkarten und ein Logo gehören.

Es gibt viele Methoden, um für Ihr Geschäft als Tiersitter oder Hundeausführer zu werben. Sie können potenzielle Kunden über soziale Medien wie Facebook, Instagram, lokale Zeitungen und Schwarze Bretter in der Gemeinde ansprechen. Sie könnten auch mit örtlichen Tierhandlungen und Tierärzten Kontakt aufnehmen, um zu erfahren, ob sie bereit wären, Flyer auszuhängen oder Kunden vorzuschlagen.

Der Aufbau eines soliden Verhältnisses zu Ihren Kunden ist für den Erfolg Ihres Tiersitter- oder Hundeausführdienstes von entscheidender Bedeutung. Seien Sie pünktlich und halten Sie sich an alle Anweisungen und Abläufe, die der Tierbesitzer festgelegt hat. Es ist auch eine gute Idee, Ihre Kunden während ihrer Abwesenheit mit aktuellen Informationen und Bildern zu versorgen, damit sie sich keine Sorgen machen müssen.

Sobald Sie einen festen Kundenstamm aufgebaut haben, können Sie versuchen, Ihr Angebot zu erweitern. Das könnte bedeuten, dass Sie Dienstleistungen wie Hundepflege oder -training, Haustiersitting oder Hundeausführen für Katzen oder Vögel anbieten.

Tiersitting und Hundespaziergänge können für Studenten einträgliche und lohnende Geschäfte sein.

Wenn Sie sich an diese Richtlinien halten, können Sie ein rentables und dauerhaftes Geschäft aufbauen, das es Ihnen ermöglicht, etwas zu tun, was Ihnen Spaß macht, und gleichzeitig ein anderes Einkommen zu erzielen.

7.
GELEGENHEITSARBEITEN FÜR MENSCHEN IN IHRER GEMEINDE ERLEDIGEN.

Als Student ist es in der Regel von Vorteil, wenn man über einen kleinen Betrag an schnellem Geld verfügt. Das Anbieten von Gelegenheitsjobs für Menschen in deiner Nachbarschaft ist eine Möglichkeit, schnelles Geld zu verdienen. Zu diesen Aufgaben können Gartenpflege, Schneeschaufeln und Putzen gehören.

Die Pflege des Rasens ist in vielen Gemeinden ein Bedürfnis, besonders in den wärmeren Monaten. Menschen, denen die Zeit oder die Energie für die Pflege ihres Rasens fehlt, sind vielleicht bereit, jemanden für sie zu engagieren.

Wenn Sie sich gerne im Freien aufhalten und eine Begabung für Gartenarbeit haben, könnte dies eine hervorragende Möglichkeit sein, schnelles Geld zu verdienen. Sie können Mäh-, Trimm-, Kanten- und Unkrautbekämpfungsdienste anbieten.

Im Winter ist das Schneeschaufeln ein weiterer Job, der sehr gefragt sein kann. Wenn Sie in einer Gegend mit viel Schneefall leben, können Sie mit dem Schaufeln der Einfahrten und Gehwege Ihrer Nachbarn viel Geld verdienen. Das gilt vor allem dann, wenn Sie über eine zuverlässige Schneefräse oder andere Geräte verfügen, mit denen Sie die Arbeit beschleunigen können.

Reinigungsarbeiten sind eine weitere Dienstleistung, für die viele Menschen zu zahlen bereit sind, vor allem, wenn sie zu beschäftigt sind, um sie selbst zu erledigen. Sie können allgemeine Reinigungsdienste und Tiefenreinigungsdienste anbieten. Ziehen Sie in Erwägung, spezielle Dienstleistungen wie Teppichreinigung und Fensterputzen anzubieten.

Wenn Sie Gelegenheitsarbeiten in Ihrer Gemeinde anbieten, ist es wichtig, dass Sie professionell, zuverlässig und sympathisch sind. Sorgen Sie für eine klare Kommunikation mit Ihren Kunden bezüglich Ihrer Verfügbarkeit und Ihrer Dienstleistungen. Außerdem sollten Sie bereit sein, mit Ihren Kunden zusammenzuarbeiten, um einen Plan zu entwickeln, der ihren Bedürfnissen und ihrem Budget entspricht.

Ein Ansatz, um Ihre Gelegenheitsarbeiten hervorzuheben, sind wettbewerbsfähige Preise. Ziehen Sie in Erwägung, Rabatte für Wiederholungskunden oder geworbene Kunden anzubieten, nachdem Sie die Preise für ähnliche Dienstleistungen in Ihrer Region recherchiert haben. Sie könnten auch den Verkauf von Paketen oder Bündeln in Erwägung ziehen, um es den Kunden zu erleichtern, mehrere Dienstleistungen gleichzeitig in Anspruch zu nehmen.

Sie können einen gleichmäßigen Arbeitsablauf gewährleisten, indem Sie ausgezeichnete Beziehungen zu Ihren Kunden pflegen. Sie können sich auch dadurch auszeichnen, dass Sie für Ihre Kunden mehr tun, als Sie müssen. Dies könnte bedeuten, dass Sie andere Tätigkeiten ausführen, die in Ihrem ursprünglichen Vertrag nicht vorgesehen waren, oder dass Sie einfach ein offenes Ohr für die Wünsche und Anliegen Ihrer Kunden haben.

Schließlich ist es wichtig, dass Sie bei der Durchführung von Gelegenheitsarbeiten die Sicherheit in den Vordergrund stellen. Halten Sie sich an die vorgeschriebenen Sicherheitsverfahren und tragen Sie bei Bedarf Schutzausrüstung. Darüber hinaus ist es ratsam, eine Haftpflichtversicherung für Arbeitsunfälle oder Verletzungen abzuschließen.

Das Anbieten von Gelegenheitsjobs wie Rasenpflege, Schneeräumung und Reinigung kann eine fantastische Möglichkeit für Studenten sein, schnelles Geld zu verdienen. Mit Professionalität, Zuverlässigkeit und Freundlichkeit können Sie ein profitables Geschäft aufbauen und der Gemeinde wichtige Dienstleistungen anbieten.

8. EIN ZIMMER ODER EINE IMMOBILIE AUF AIRBNB VERMIETEN.

Airbnb, eine berühmte Plattform, die es Einzelpersonen ermöglicht, ihre Wohnungen oder Zimmer an Gäste zu vermieten, ist eine Möglichkeit, die man untersuchen sollte. Als Methode für Studenten, zusätzliches Geld zu verdienen und neue Leute auf der ganzen Welt kennenzulernen, hat Airbnb an Beliebtheit gewonnen.

Als Studentin oder Student hat die Unterbringung auf Airbnb viele Vorteile. Einer der größten Vorteile ist die Freiheit, die man als Gastgeber hat. Wenn Sie einen engen Zeitplan haben, können Sie selbst entscheiden, wann und wie oft Sie Ihre Wohnung zur Verfügung stellen. Die Unterbringung auf Airbnb kann auch eine hervorragende Gelegenheit sein, neue Leute kennenzulernen und neue Kulturen zu entdecken. Außerdem besteht die Möglichkeit, zusätzliches Geld zu verdienen, was besonders für Studenten von Vorteil sein kann.

Wenn Sie als Student daran interessiert sind, Gastgeber auf Airbnb zu sein, müssen Sie einige Schritte unternehmen, um loszulegen. Zunächst müssen Sie ein Profil auf der Airbnb-Website erstellen. Dazu müssen Sie einen Eintrag für Ihren Raum erstellen, der die Abmessungen, die Ausstattung und den Standort angibt. Außerdem müssen Sie einen angemessenen Preis für Ihr Angebot festlegen, der die Lebenshaltungskosten an Ihrem Standort und die Nachfrage nach Vermietungen berücksichtigt.

Sobald Ihr Angebot online ist, gibt es einige Methoden, die Sie anwenden können, um ein erfolgreicher Gastgeber zu werden. Eine der wichtigsten Aufgaben ist es, für eine saubere und gepflegte Umgebung zu sorgen. Dies wird dazu beitragen, Gäste anzuziehen und ihre Zufriedenheit zu gewährleisten.

Außerdem ist es wichtig, auf die Bedürfnisse der Gäste einzugehen und eine effektive Kommunikation aufzubauen. Dazu kann es gehören, Anfragen zu Ihrem Standort und der Umgebung zu beantworten und bei Schwierigkeiten zur Verfügung zu stehen.

Airbnb kann eine großartige Möglichkeit sein, schnelles Geld zu verdienen und nützliche Erfahrungen zu sammeln, aber es gibt auch mögliche Probleme zu beachten. Eine der größten Hürden könnte die Vereinbarkeit von Gastgeberpflichten und Schularbeiten sein. Sie müssen sich sowohl für Ihr Studium als auch für Ihre Gastgeberpflichten ausreichend Zeit nehmen. Sie müssen auch darauf vorbereitet sein, die Erwartungen der Gäste zu erfüllen und mit möglichen Problemen umzugehen.

Die Einhaltung der örtlichen Gesetze und Vorschriften ist einer der wichtigsten Faktoren, die Sie als Airbnb-Gastgeber für Studenten beachten müssen. Es ist wichtig, dass Sie über die örtlichen Gesetze und Vorschriften für Kurzzeitvermietungen informiert sind, z. B. über Bebauungsvorschriften und

Anforderungen an die Gewerbeerlaubnis. In einigen Gemeinden kann die Anzahl der Tage, an denen eine Wohnung pro Jahr vermietet werden darf, begrenzt sein, oder die Gastgeber müssen ihre Angebote bei der Gemeinde oder dem Landkreis registrieren lassen.

Sie müssen sich nicht nur an die örtlichen Gesetze und Vorschriften halten, sondern auch die Regeln und Vorschriften Ihres Vermieters oder der Hausbesitzervereinigung kennen. Wenn Sie eine Wohnung vermieten oder in einem Wohnheim leben, benötigen Sie eine Genehmigung Ihres Vermieters, bevor Sie Gastgeber auf Airbnb werden. Wenn Sie in einer Gemeinschaft leben, die von einer Hausbesitzervereinigung verwaltet wird, müssen Sie unter Umständen bestimmte Regeln für die Unterbringung einhalten.

Die Verwaltung Ihrer Finanzen ist ein weiterer wichtiger Aspekt, wenn Sie als Student Gastgeber auf Airbnb sind. Es ist wichtig, dass du deine Einnahmen und Ausgaben im Auge behältst und einen Teil deiner Einnahmen für die Steuern zurücklegst. An einigen Standorten zieht Airbnb die Steuern im Namen der

Gastgeber ein und führt sie ab, aber Sie sollten immer einen Steuerfachmann zu Rate ziehen, um sicherzustellen, dass Sie alle geltenden Steuervorschriften einhalten.

Und schließlich ist es wichtig, die Risiken von Airbnb zu kennen. Obwohl die Plattform Vorkehrungen getroffen hat, um die Sicherheit ihrer Gastgeber und Besucher zu gewährleisten, besteht immer die Möglichkeit von Sach- oder Personenschäden.

Um diese Gefahren zu verringern, ist es ratsam, eine klare Hausordnung aufzustellen und Ihren Gästen zu erklären. Sie können sich und Ihr Eigentum auch durch den Abschluss einer Versicherung absichern.

Studenten können durch die Unterbringung auf Airbnb zusätzliches Geld verdienen und wichtige Erfahrungen sammeln. Sie können eine erfolgreiche und angenehme Gastgebererfahrung machen, wenn Sie sich an die örtlichen Regeln und Vorschriften halten, Ihre Mittel verwalten und sich der Risiken bewusst sind.

Als Airbnb-Gastgeber haben Sie die Möglichkeit, Menschen aus der ganzen Welt kennenzulernen und möglicherweise dauerhafte Beziehungen aufzubauen. Sie können auch Ihre Preise und Verfügbarkeit festlegen, um zu bestimmen, wann und wie viel Sie verdienen möchten.

Bevor Sie mit der Vermietung Ihrer Immobilie auf Airbnb beginnen können, sollten Sie Folgendes beachten:

Je nachdem, wo Sie wohnen, gibt es spezifische Gesetze und Beschränkungen für Kurzzeitvermietungen. Stellen Sie sicher, dass Sie alle geltenden Gesetze kennen und alle erforderlichen Genehmigungen oder Lizenzen erhalten.

Wenn während des Aufenthalts eines Gastes etwas schiefgeht, ist es wichtig, den richtigen Versicherungsschutz zu haben. Die Gastgebergarantie von Airbnb deckt Schäden bis zu 1.000.000 US-Dollar ab. Es kann jedoch ratsam sein, zusätzliche Versicherungsoptionen zu prüfen.

Einrichten Ihres Angebots: Ein gut geschriebenes und optisch ansprechendes Angebot ist eine der wichtigsten Komponenten, um Gäste zu gewinnen. Seien Sie offen und ehrlich in Bezug auf die Dienstleistungen und Erwartungen, die Sie an Ihre Gäste stellen. Fügen Sie Fotos Ihres Standorts und eine ausführliche Erklärung der von Ihnen angebotenen Annehmlichkeiten bei.

Legen Sie einen angemessenen Preis für Ihren Raum fest, der sich nach Lage, Größe und Ausstattung richtet. Denken Sie daran, dass Airbnb einen Teil Ihrer Einnahmen einbehält, also achten Sie darauf, den Preis entsprechend zu gestalten. Sie können auch Rabatte für längere Aufenthalte oder Last-Minute-Reservierungen anbieten, um die Wahrscheinlichkeit zu erhöhen, dass Sie Ihren Zeitplan füllen.

Eine wirksame Kommunikation mit Ihren Airbnb-Gästen ist für eine positive Erfahrung unerlässlich. Erwägen Sie die Erstellung eines

Handbuchs, das Informationen über Ihr Haus und alle Regeln oder Erwartungen für Besucher enthält. Reagieren Sie zügig auf Anfragen und stellen Sie sicher, dass die Zugangsanweisungen klar sind.

Eine saubere und gepflegte Umgebung ist wichtig, um Kunden anzuziehen und zu halten. Führen Sie vor und nach dem Aufenthalt eines jeden Gastes eine gründliche Reinigung durch und überlegen Sie, ob Sie Extras wie saubere Bettwäsche und Handtücher bereitstellen.

Sicherheit: Die Sicherheit Ihrer Gäste ist von größter Bedeutung. Bieten Sie einen Erste-Hilfe-Kasten an und stellen Sie sicher, dass Ihre Einrichtung mit Rauchmeldern ausgestattet ist. Sie können sich auch ein Schließfach oder ein intelligentes Schloss anschaffen, um den Gästen den Zugang zu Ihren Räumlichkeiten zu erleichtern.

Als Student können Sie erfolgreich und gewinnbringend ein Zimmer auf Airbnb vermieten, wenn Sie sich an die oben genannten Richtlinien halten und ein freundlicher und entgegenkommender

Gastgeber sind. Sie können nicht nur schnell Geld verdienen, sondern haben auch die Chance, interessante Menschen kennenzulernen und vielleicht dauerhafte Beziehungen aufzubauen.

9. FREIBERUFLICHE DIENSTLEISTUNGEN ERBRINGEN.

Eine der einfachsten Möglichkeiten für Studenten, schnell Geld zu verdienen, ist die Erbringung von freiberuflichen Dienstleistungen in einem Talent, das sie besitzen. Ob Schreiben, Grafikdesign oder Social Media Management - Menschen und Unternehmen suchen immer nach talentierten Personen, die sie bei ihren Initiativen unterstützen.

Flexibilität ist einer der Vorteile der Erbringung unabhängiger Dienstleistungen. Sie können die Projekte auswählen, an denen Sie arbeiten möchten, und Ihren Zeitplan selbst festlegen, so dass Sie Ihre Beschäftigung mit Ihrer Ausbildung und anderen Verpflichtungen vereinbaren können.

Außerdem kann die freiberufliche Tätigkeit eine hervorragende Methode sein, um Erfahrungen zu sammeln und ein Portfolio aufzubauen, was vor allem für Studenten von Vorteil sein kann, die nach ihrem Abschluss in einem bestimmten Bereich tätig werden möchten.

Es gibt einige Maßnahmen, die Sie ergreifen können, wenn Sie erwägen, freiberufliche Dienstleistungen zu erbringen. Überlegen Sie zunächst, über welche Fähigkeiten Sie verfügen und welche Art von Beruf Sie interessiert.

Sind Sie ein guter Autor?

Besitzen Sie die Fähigkeit, ästhetisch ansprechende Grafiken zu erstellen?

Haben Sie Erfahrung in der Verwaltung von Konten in sozialen Medien?

Nachdem Sie Ihre Stärken ermittelt haben, ist es an der Zeit, mit der Zusammenstellung Ihres Portfolios zu beginnen. Diese kann Beispiele für Ihre früheren Arbeiten sowie relevante Kursarbeiten und Projekte enthalten.

Es gibt viele Möglichkeiten, freiberufliche Jobs zu finden. Eine Möglichkeit besteht darin, ein Profil auf einer Freiberuflerplattform wie Upwork, Fiverr oder Freelancer zu erstellen. Auf diesen Plattformen können Sie auf Aufträge bieten und mit internationalen Kunden in Kontakt treten. Sie können sich auch direkt an lokale Unternehmen und Einzelpersonen wenden, um Ihre Dienste anzubieten. Auch Freunde, Verwandte und Klassenkameraden können nützliche Quellen für die Suche nach freiberuflichen Aufträgen sein.

Bei der Zusammenarbeit mit Kunden ist es wichtig, dass Sie zuverlässig und professionell sind. Dazu gehört, dass Sie klare Ziele und Zeitvorgaben festlegen, ständig kommunizieren und qualitativ hochwertige Arbeit leisten. Außerdem ist es ratsam, einen Vertrag zu schließen, um sich und den Kunden zu schützen. Dieser kann den Umfang des Projekts, die Zahlungsbedingungen und andere zu vereinbarende Elemente enthalten.

Es ist wichtig, die finanziellen Auswirkungen der Freiberuflichkeit und die praktischen Aspekte zu berücksichtigen. Als Student haben Sie oft nur ein begrenztes Budget zur Verfügung, weshalb Sie Ihre Ausgaben im Auge behalten und die Preise für Ihre Dienstleistungen entsprechend festlegen müssen. Da alle Selbstständigen für die Zahlung ihrer Steuern verantwortlich sind, kann es von Vorteil sein, einen bestimmten Prozentsatz ihres Einkommens für diesen Zweck zurückzulegen.

Die Erbringung freiberuflicher Dienstleistungen kann für Studenten eine gute Möglichkeit sein, schnell Geld zu verdienen und gleichzeitig Erfahrungen zu sammeln und ihre Talente zu entwickeln. Mit ein wenig Organisation und Mühe können Sie Ihre Fähigkeiten in ein florierendes freiberufliches Unternehmen umwandeln.

10. TEILNAHME AN BEZAHLTEN FOKUSGRUPPEN ODER UMFRAGEN.

Die oberste Priorität eines jeden Studenten ist die akademische Ausbildung. Das muss immer so sein und niemals etwas anderes. Es wird jedoch Momente geben, in denen Sie zwei Rollen spielen müssen: Student und Teilzeitbeschäftigter. Hier zeigen sich die Schwierigkeiten des Studentendaseins.

Es gibt legitime Möglichkeiten, mit der Teilnahme an Umfragen Geld zu verdienen, aber die wichtigste Frage ist, warum Studenten dieses Angebot ernsthaft in Betracht ziehen sollten. Die folgenden Erklärungen erläutern, warum:

In erster Linie handelt es sich um einen Beruf, den Studenten ausüben können. Er ist so einfach, dass man ihn zu Hause ausüben kann, weit weg von seinem Chef und seinen Arbeitskollegen. Außerdem erfordert er keine übermäßigen Verpflichtungen und kein großes Engagement Ihrerseits.

Sie haben die Möglichkeit, an Umfragen teilzunehmen oder nicht. Sie nehmen einfach an Umfragen teil, wenn Sie Lust haben, und verzichten darauf, wenn Sie nicht in Stimmung sind. Das ist alles, was Sie tun müssen! Sie können arbeiten, wann es Ihnen am besten passt, und wenn Sie im Moment keine Lust haben, an Umfragen teilzunehmen, können Sie sie auch auslassen.

Zweitens bieten bezahlte Umfragen für Studenten eine bessere Rendite als ein typischer Job in der Umgebung der Universitätsstadt. Wenn Sie darüber nachdenken, werden Sie verstehen, dass die Teilnahme an bezahlten Umfragen mehr als den Mindestlohn einbringt.

Trotz des unbeständigen Charakters und der Unbeständigkeit des Jobs wird er dennoch als idealer Arbeitsplatz für einen Studenten wie Sie angesehen. Eine Vollzeitbeschäftigung in der realen Welt zu finden, wäre schwieriger, wenn Sie Ihrer Teilzeitbeschäftigung nur ein paar Stunden pro Woche widmen. Daher bietet eine bezahlte Online-Umfrage größere Vorteile.

Studenten, die an bezahlten Umfragen teilnehmen, verdienen nicht nur Geld mit ausgefüllten Umfragen, sondern haben auch die Möglichkeit, für Produkttests entschädigt zu werden. Sie können glauben, dass Unternehmen, die Produkttests in ihre Dienstleistungen aufnehmen, nicht genug zahlen, aber Sie müssen diese Aussichten positiv sehen.

Einige Marktforschungsunternehmen erlauben Produkttests, und diese Produkte stehen in engem Zusammenhang mit den zum Kauf angebotenen Produkten. Zu diesen Produkten gehören unter anderem Snacks, Make-up und Haarprodukte.

Nach den obigen Ausführungen wird sich wahrscheinlich die Frage nach den Einnahmen stellen. Wie viel kann man mit bezahlten Umfragen verdienen?

Da es viele Betrugsfälle mit bezahlten Umfragen für Studenten gibt, ist es schwer zu sagen, ob Sie einen beträchtlichen Geldbetrag verdienen werden. Diese betrügerischen bezahlten Studentenumfragen sollten Sie jedoch nicht von Ihrem Vorhaben abhalten. Es gibt immer noch eine große Anzahl seriöser und prompt zahlender Online-Umfrageunternehmen.

Die Registrierung bei mehreren bezahlten Umfrageinstituten ist der Schlüssel zum Erfolg in dieser Branche. Da die meisten Unternehmen nur ein Minimum an Arbeit liefern, ist es ratsam, sich bei so vielen bezahlten Umfrageunternehmen wie möglich anzumelden. Allerdings sollten Sie nie die Verantwortung für Ihre Arbeit aus den Augen verlieren.

Wie erhalten Sie nun die Zulassung? Sie müssen sich darüber im Klaren sein, dass die Möglichkeit, an bezahlten Online-Umfragen teilzunehmen, mit einer Ausnahme verbunden ist. Bevor Sie zugelassen werden, müssen Sie Fragen beantworten, um festzustellen, ob Sie die demografischen Anforderungen erfüllen. Wenn dies der Fall ist, können Sie mit der Teilnahme an Umfragen beginnen. Denken Sie daran, dass Sie sich nicht immer für die Teilnahme an bezahlten Umfragen qualifizieren werden.

Es wird immer Regeln und Ausnahmen geben, daher ist es wichtig, dass Sie Ihr Profil pflegen. Es gibt Unternehmen mit extrem strengen Einstellungsstandards, und wenn Sie eine starke und beeindruckende Bilanz vorweisen können, werden Sie jedes Mal eingestellt.

Bezahlte Umfragen für Studenten sind die einfachste und bequemste Methode, um gerade genug Geld zu verdienen und gleichzeitig das Beste aus Ihrer freien Zeit in der Schule zu machen, wenn man es aus verschiedenen Perspektiven betrachtet.

Wenn Sie sich bei mehreren Organisationen für bezahlte Online-Umfragen anmelden, können Sie mehrere Einnahmequellen erschließen. Was für ein fantastischer Nebenjob, um Ihr Studium und andere persönliche Verpflichtungen zu unterstützen!

Bezahlte Umfragen für Studenten bieten unterschiedliche Auszahlungsmethoden. Einige Unternehmen verlangen, dass jeder Mitarbeiter ein Pay Pal-Konto hat. Andere Unternehmen wandeln Punkte in Geschenkkarten, Waren und andere Dinge um.

Wie bei jedem Online-Job wird es auch bei bezahlten Umfragen für Studenten immer wieder Betrugsfälle geben. Es gibt viele Berichte über diese Betrügereien, und sie werden alle aufgezeichnet. Es gibt immer noch Hunderttausende von authentischen bezahlten Online-Umfragen, man muss nur danach suchen.

Es wird immer betrügerische bezahlte Umfragen für Studenten geben, aber das sollte Sie nicht davon abhalten, sie durchzuführen. Es handelt sich dabei zwar nicht um ein System, mit dem man schnell reich werden kann, aber die Gewissheit, dass Sie mit dieser Art von Arbeit gerade genug Geld verdienen werden, ist dennoch eine gute Idee.

Sie müssen wissen, dass es in diesem Bereich keine Garantien gibt. Der Erfolg wird daran gemessen, wie gut eine Person den Anweisungen folgt und die volle Verantwortung für die Aufgabe übernimmt. Unvollständige Umfragen sind ein Tabu. Vergewissern Sie sich stets, dass Sie Ihre Aufgaben effektiv erfüllen.

11. VERKAUFEN SIE IHRE FOTOS AUF STOCKFOTOGRAFIE-WEBSITES.

Der Verkauf Ihrer Fotos auf Stockfotografie-Websites ist eine Möglichkeit, Ihr Fotohobby zu Geld zu machen. Der Begriff "Stockfotografie" bezieht sich auf den Verkauf professioneller Bilder, die sich für Marketingmaterialien, Websites und Veröffentlichungen eignen.

Es besteht immer eine Nachfrage nach einer Vielzahl von Fotos, von Landschaften und Naturszenen bis hin zu Stadtansichten und Porträts. Websites für Stockfotografie bieten Fotografen eine Plattform, um ihre Werke an Kunden in aller Welt zu verkaufen.

Wenn Sie daran interessiert sind, Ihre Fotos über Stockfotografie-Websites zu verkaufen, finden

Sie hier einige Hinweise, die Ihnen den Einstieg erleichtern:

Wählen Sie eine vertrauenswürdige Website für Stockfotografie. Es gibt viele Websites für Stockfotografie, aber nicht alle sind gleich gut. Einige Websites bieten günstigere Bedingungen für Fotografen und haben eine größere Nutzerbasis, was die Wahrscheinlichkeit erhöht, dass Ihre Fotos angesehen und gekauft werden. Recherchieren Sie und wählen Sie eine gut eingeführte und seriöse Website.

Machen Sie Fotos von guter Qualität: Um Ihre Fotos auf Stockfoto-Websites verkaufen zu können, müssen sie von hoher Qualität sein. Dazu gehören eine hervorragende Komposition, Beleuchtung und Schärfe sowie eine gute Bearbeitung und die Vermeidung von Ablenkungen. Erwägen Sie den Kauf einer hochwertigen Kamera und den Erwerb grundlegender fotografischer Fähigkeiten, wenn Sie gerade erst anfangen.

Obwohl es einen Bedarf an verschiedenen Arten von Fotos gibt, kann es von Vorteil sein, sich auf eine bestimmte Nische zu spezialisieren. Das kann die Reisefotografie, die Fotografie von Lebensmitteln oder die Porträtfotografie sein. Wenn Sie sich auf ein bestimmtes Thema spezialisieren, können Sie ein Portfolio mit hochwertigen Fotos zu einem bestimmten Thema zusammenstellen, was Sie für Käufer attraktiver machen kann.

Informieren Sie sich über die Nutzungsbedingungen: Jede Website für Stockfotografie hat ihre Geschäftsbedingungen, in denen festgelegt ist, wie die Bilder verwendet werden dürfen und wie der Fotograf entschädigt wird. Vergewissern Sie sich, dass Sie diese Bedingungen verstanden haben, bevor Sie Ihre Bilder hochladen, denn Sie möchten nicht in eine Situation geraten, in der Sie nicht angemessen für Ihre Bemühungen entschädigt werden.

Sobald Sie Ihre Fotos auf einer Stockfotografie-Website veröffentlicht haben, müssen Sie sie bekannt machen, damit potenzielle Käufer sie finden können.

Dazu gehört die Veröffentlichung Ihrer Arbeiten in sozialen Medien, die Mitgliedschaft in Fotografenorganisationen oder -foren und die direkte Kontaktaufnahme mit potenziellen Kunden.

Die Fotografie ist eine sich ständig weiterentwickelnde Disziplin. Daher ist es wichtig, sich über neue Techniken und Moden auf dem Laufenden zu halten. Erwägen Sie die Teilnahme an Online-Kursen oder Workshops, um Ihre Fähigkeiten zu verbessern und die Wahrscheinlichkeit zu erhöhen, dass Ihre Fotos gekauft werden.

Der Verkauf Ihrer Fotos auf Websites für Stockfotografie kann lukrativ sein, um Ihr Hobby zu Geld zu machen. Mit genügend Aufwand und qualitativ hochwertigen Fotos können Sie Ihr Hobby in ein lukratives Geschäft verwandeln.

Wählen Sie eine vertrauenswürdige Website für Stockfotografie, machen Sie tolle Fotos und legen Sie sofort los, wenn Sie bereit sind, Ihre Fotos zu verkaufen und zusätzliches Geld zu verdienen.

12. EIN PERSÖNLICHER ASSISTENT ODER EIN BOTENGÄNGER.

Als Student ist es eine Möglichkeit, schnelles Geld zu verdienen, indem Sie Ihre Dienste als persönlicher Assistent oder Botengänger anbieten. Viele Menschen, vor allem vielbeschäftigte Berufstätige und Familien, benötigen Hilfe beim Einkaufen, beim Abholen der Wäsche und bei Botengängen.

Die Tätigkeit eines persönlichen Assistenten oder Botengängers kann eine bequeme und flexible Möglichkeit sein, ein zusätzliches Einkommen zu erzielen. Je nach Ihrem Zeitplan können Sie Ihre Arbeit und Ihre Arbeitszeiten so viel oder so wenig wie möglich selbst bestimmen.

Sie brauchen auf jeden Fall ein zuverlässiges Transportmittel und eine positive Einstellung, um loszulegen. Pünktlichkeit, Zuverlässigkeit und die

Fähigkeit, Anweisungen genau zu befolgen, sind unerlässlich. Außerdem sollten Sie bei Gesprächen mit Kunden freundlich und professionell sein.

Um Kunden zu finden, können Sie zunächst Freunde, Verwandte und Bekannte fragen, ob sie Besorgungen oder Aufgaben zu erledigen haben, bei denen Sie Hilfe benötigen. Außerdem können Sie Ihre Dienste über soziale Medien und lokale Kleinanzeigen-Websites vermarkten.

Als persönlicher Assistent oder Botenjunge müssen Sie organisiert und produktiv sein. Es ist wichtig, den Überblick über Projekte und Fristen zu behalten und dafür zu sorgen, dass alles pünktlich fertig wird. Außerdem müssen Sie häufig mit Ihren Kunden kommunizieren, um sie über Ihre Fortschritte auf dem Laufenden zu halten.

Neben der Erledigung von Botengängen kann es auch erforderlich sein, Termine zu vereinbaren, Telefonate zu führen und E-Mails zu verwalten. Sie sollten die gängigen Büroanwendungen beherrschen und in der Lage sein, bei Bedarf Verwaltungsaufgaben zu übernehmen.

Um als persönlicher Assistent oder Botengänger erfolgreich zu sein, müssen Sie anpassungsfähig sein und auch unter Druck gut arbeiten können. Da von Ihnen erwartet wird, dass Sie eine Reihe von Aufgaben bewältigen, ist die Fähigkeit, schnell zu denken und innovative Problemlösungen zu entwickeln, unerlässlich.

Als Student/in können Sie Ihre Fähigkeiten als persönliche/r Assistent/in oder Laufbursche/in verkaufen und auf diese Weise schnelles Geld verdienen. Die Tätigkeit als persönlicher Assistent oder Laufbursche kann eine großartige Möglichkeit sein, unabhängig davon, ob Sie Ihr Einkommen aufbessern oder Ihr eigenes Unternehmen gründen möchten.

13. IHR AUTO VERMIETEN.

Ihr Auto auf Turo oder ähnlichen Plattformen zu vermieten, könnte eine fantastische Möglichkeit sein, während des Studiums schnelles Geld zu verdienen. Es ist nicht nur eine einfache Möglichkeit, zusätzliches Geld zu verdienen, sondern kann auch helfen, die Kosten für ein eigenes Auto zu decken. Außerdem kannst Du dank des Versicherungsschutzes von Turo sicher sein, dass Dein Fahrzeug während der Vermietung geschützt ist.

Wie funktioniert es also?

Du musst zunächst ein Turo-Konto erstellen und Dein Fahrzeug auflisten. Du musst grundlegende Informationen über Dein Fahrzeug angeben, darunter Marke, Modell, Baujahr und Fotos. Turo bietet dann einen Tagessatz an, der auf vergleichbaren Fahrzeugen in Deiner Region basiert. Du kannst diesen Tarif akzeptieren oder Deinen eigenen wählen.

Nachdem Du Dein Fahrzeug eingestellt hast, erhältst Du erste Anfragen von Vermietern. Du kannst diese Anfragen annehmen oder ablehnen und Regeln hinzufügen, wie z. B. Rauchverbot oder Hundeverbot, um sicherzustellen, dass Dein Auto gut gepflegt wird, während es vermietet wird.

Turo wickelt die Zahlung ab und benachrichtigt Dich, wenn ein Mieter Dein Fahrzeug reservieren möchte. Du musst Dich mit dem Mieter an einem gemeinsam vereinbarten Ort treffen, um ihm die Schlüssel zu übergeben und das Fahrzeug zu inspizieren.

Nach Ablauf der Mietzeit bringt der Mieter das Fahrzeug an den vereinbarten Ort zurück, und Du überprüfst es auf Schäden. Turo gibt Deine Zahlung abzüglich der Gebühren frei, wenn alles in Ordnung ist.

Mit der Vermietung Deines Autos über Turo kannst Du eine Menge Geld verdienen, vor allem wenn Du ein beliebtes oder gefragtes Fahrzeug hast. Da Turo die Zahlung und die Kommunikation mit dem Mieter übernimmt, musst Du Dich nicht um die logistischen Aspekte der Vermietung kümmern. Wenn Du z. B. ein neues oder teures Fahrzeug besitzt, musst Du möglicherweise mit einer höheren Tagesgebühr rechnen.

Ein weiterer Vorteil ist, dass Sie entscheiden können, wann und wie oft Sie Ihr Fahrzeug vermieten. So haben Sie die volle Kontrolle über die Menge und den Zeitpunkt Ihrer Anfertigungen. Wenn Sie einen sehr vollen Terminkalender haben und sich nicht an einen regelmäßigen Anmietplan halten wollen, können Sie Ihr Auto einfach dann zur Anmietung bereitstellen, wenn Sie wissen, dass Sie es nicht brauchen werden.

Sie sollten jedoch bedenken, dass die Vermietung Ihres Fahrzeugs einige Gefahren birgt. Es ist zum Beispiel immer möglich, dass der Mieter Ihr Fahrzeug beschädigt oder in einen Unfall verwickelt wird.

Daher ist es wichtig, vor und nach jeder Vermietung eine umfassende Inspektion durchzuführen, um sicherzustellen, dass das Fahrzeug in gutem Zustand ist. Turo bietet zwar einen Versicherungsschutz für Mieter an, aber es ist immer eine gute Idee, eine eigene Police für den Fall unvorhergesehener Umstände mitzuführen.

Insgesamt kann das Vermieten eines Autos auf Turo oder ähnlichen Plattformen eine fantastische Möglichkeit sein, während des Studiums schnelles Geld zu verdienen. Es ist einfach einzurichten, und die potenziellen Gewinne sind beträchtlich. Wägen Sie jedoch die Gefahren ab und treffen Sie die erforderlichen Sicherheitsvorkehrungen, um Ihr Fahrzeug und Ihre finanziellen Interessen zu schützen.

14. TEILNAHME AN KLINISCHEN STUDIEN ODER MEDIZINISCHEN VERSUCHEN.

Die Teilnahme an finanzierten medizinischen Studien oder klinischen Versuchen kann für Studenten eine hervorragende Möglichkeit sein, schnell Geld zu verdienen und gleichzeitig die medizinische Forschung voranzubringen. Diese Studien werden in der Regel von pharmazeutischen Unternehmen, Forschungsinstituten oder klinischen Forschungsgruppen durchgeführt und dienen häufig der Bewertung der Wirksamkeit und Sicherheit neuer Medikamente oder Therapien.

Ein wesentlicher Vorteil der Teilnahme an einer finanzierten medizinischen Studie ist die Möglichkeit, mehr über den Forschungsprozess zu erfahren und zur Entwicklung neuer Medikamente beizutragen, die das Leben der Menschen verbessern können. Darüber hinaus werden die Teilnehmer vieler

Studien für ihre Zeit und ihre Reisen entschädigt, was für Studenten, die einen Nebenverdienst suchen, einen großen finanziellen Vorteil darstellen kann.

Bevor Sie die Teilnahme an einer medizinischen Studie in Erwägung ziehen, sollten Sie sich unbedingt über die damit verbundenen Risiken und Vorteile informieren. Bei einigen Studien müssen die Teilnehmer möglicherweise Medikamente einnehmen oder sich medizinischen Verfahren unterziehen, und es besteht immer die Möglichkeit, dass es zu unerwünschten Wirkungen oder Schwierigkeiten kommt. Bevor Sie sich zu einer Teilnahme bereit erklären, sollten Sie unbedingt alle vom Sponsor der Studie zur Verfügung gestellten Unterlagen gründlich lesen und alle Bedenken mit einem Arzt aus dem Gesundheitswesen besprechen.

Wenn Sie gerne an einer geförderten medizinischen Studie teilnehmen möchten, können Sie vieles tun, um Ihre Chancen zu erhöhen, ausgewählt zu werden:

Erkundigen Sie sich nach dem Sponsor der Studie: Vergewissern Sie sich, dass der Sponsor glaubwürdig ist und dass eine unabhängige Ethikkommission die Forschung genehmigt hat.

Prüfen Sie die Voraussetzungen für die Studie: Vergewissern Sie sich, dass Sie die Zulassungsbedingungen für die Studie erfüllen, z. B. Alter, medizinische Vorgeschichte und andere relevante Merkmale.

Erkennen Sie die Vergütung: Ermitteln Sie, wie viel die Studie kosten wird und welche Ausgaben erstattet werden.

Denken Sie an die zeitliche Verpflichtung: Vergewissern Sie sich, dass Sie die Zeit und die Verfügbarkeit haben, um die Kriterien der Studie zu erfüllen, einschließlich aller erforderlichen Nachuntersuchungen.

Sprechen Sie mit Ihrem Arzt: Besprechen Sie Ihre Teilnahme an der Studie mit Ihrem Arzt, um Ihre

Sicherheit zu gewährleisten und die erforderliche medizinische Genehmigung zu erhalten.

Es gibt einige Möglichkeiten, bezahlte medizinische Forschung und klinische Studien zu finden, für die Menschen rekrutiert werden. Einige Alternativen sind:

Viele Krankenhäuser und Forschungseinrichtungen führen ihre Studien durch und suchen möglicherweise Teilnehmer.

Viele Internet-Datenbanken, darunter ClinicalTrials.gov und CenterWatch, listen bezahlte medizinische Studien und klinische Prüfungen auf.

Einige Pharmakonzerne führen ihre Studien durch und suchen möglicherweise Teilnehmer, wenn sie kontaktiert werden.

Fragen Sie Ihren Arzt: Möglicherweise weiß Ihr Arzt von laufenden Forschungsprojekten zur Rekrutierung von Teilnehmern und kann Sie an diese verweisen.

Wie in der Schlussfolgerung erwähnt, ist die Teilnahme an bezahlten medizinischen Studien oder klinischen Versuchen eine gute Möglichkeit für Studenten, schnelles Geld zu verdienen und gleichzeitig die medizinische Forschung voranzutreiben.

Bevor Sie an einer Studie teilnehmen, sollten Sie unbedingt die Risiken und Vorteile abwägen und den Sponsor umfassend recherchieren. Wenn Sie diese Schritte befolgen, können Sie Ihre Chancen erhöhen, für eine Studie ausgewählt zu werden und einen wichtigen Beitrag zur medizinischen Forschung zu leisten.

15. DIENSTLEISTUNGEN DES VIRTUELLEN ASSISTENTEN.

Als Student ist die Tätigkeit eines virtuellen Assistenten eine der flexibelsten Methoden, um schnelles Geld zu verdienen. Ein virtueller Assistent (VA) ist ein Fachmann, der Kunden von seinem Heimbüro aus mit administrativen, technischen oder kreativen Aufgaben unterstützt.

Wenn Sie über ausgezeichnete organisatorische Fähigkeiten, ein Auge für Details und die Fähigkeit zum Multitasking verfügen, könnte die Tätigkeit eines virtuellen Assistenten (VA) eine gute Option sein. Im Folgenden finden Sie einige wichtige Überlegungen zum Einstieg in diesen Bereich:

Bestimmen Sie Ihre Kompetenzbereiche und konzentrieren Sie sich auf die Entwicklung Ihrer Talente. Termin- und Kalendermanagement, E-Mail-Verwaltung, Dateneingabe, Verwaltung sozialer

Medien und Kundensupport sind typische Aufgaben von virtuellen Assistenten.

Erstellen Sie eine glaubwürdige Internetpräsenz; dazu gehört die Einrichtung einer Website oder eines LinkedIn-Profils, in dem Sie Ihre Fachkenntnisse und Fähigkeiten hervorheben. Ziehen Sie in Erwägung, Online-Communities oder Foren beizutreten, wo Sie sich mit anderen virtuellen Assistenten und möglichen Kunden vernetzen können.

Legen Sie Ihr Honorar und Ihre Verfügbarkeit fest: Als Studentin oder Student haben Sie nicht viel freie Zeit. Daher müssen Sie Ihre Verfügbarkeit und die Arten von Aufträgen, die Sie erledigen können, angeben. Erwägen Sie ein gestaffeltes Preissystem, das Ihrem Erfahrungsgrad und Ihren Fähigkeiten entspricht.

Vermarktung Ihrer Dienste: Sobald Ihre Website und Ihr LinkedIn-Profil eingerichtet sind, ist es an der Zeit, für Ihre Dienste zu werben. Informieren Sie Ihre Freunde, Familie und Kollegen über Ihr virtuelles Assistentengeschäft und erwägen Sie Werbung in sozialen Medien oder über gezielte E-Mail-Kampagnen.

Lernen und verbessern Sie sich weiter: Lernen und verbessern Sie Ihre Fähigkeiten, um auf dem Markt der virtuellen Assistenten wettbewerbsfähig zu bleiben. Ziehen Sie in Erwägung, sich in Online-Kurse einzuschreiben oder Branchenveranstaltungen zu besuchen, um über die neuesten Technologien und bewährten Verfahren auf dem Laufenden zu bleiben.

Wenn Sie sich strikt an diese Schritte halten, können Sie ein profitables Unternehmen für virtuelle Assistenten aufbauen und während Ihres Studiums schnelles Geld verdienen. Sie können Ihr Geschäft als virtueller Assistent mit wenig Aufwand und Engagement in einen reichen und befriedigenden Beruf umwandeln.

16. VERKAUFEN SIE IHRE GEBRAUCHTE KLEIDUNG ODER ACCESSOIRES.

Wenn Sie eine große Menge leicht abgenutzter oder hochwertiger Produkte haben, die Sie nicht mehr brauchen oder wollen, kann der Verkauf auf Poshmark oder Depop eine hervorragende Methode sein, um schnelles Geld zu verdienen. Die Interaktion mit anderen und das Ausleben Ihres besonderen Flairs kann Spaß machen und befriedigend sein.

Richten Sie einfach ein Konto auf Poshmark oder Depop ein und beginnen Sie mit dem Verkauf Ihrer Sachen. Beide Plattformen ermöglichen es Ihnen, Bilder und Beschreibungen Ihrer Produkte zu veröffentlichen, Ihre Preise festzulegen und mit potenziellen Käufern zu kommunizieren. Außerdem können Sie Hashtags verwenden, um die Sichtbarkeit Ihrer Sachen für ein größeres Publikum zu erhöhen, und Ihre Angebote in den sozialen Medien posten, um noch mehr Kunden anzuziehen.

Wenn Sie Ihre alten Kleidungsstücke oder Accessoires auf Poshmark oder Depop verkaufen, ist es besonders wichtig, qualitativ hochwertige Bilder zu machen, die Ihre Sachen im bestmöglichen Licht zeigen.

Dazu gehört, dass Sie natürliches Licht verwenden, sicherstellen, dass Ihre Produkte sauber und gut präsentiert sind, und viele Aufnahmen aus verschiedenen Perspektiven machen. Außerdem sollten Sie in Ihren Produktbeschreibungen wahrheitsgetreu und genau sein und in Erwägung ziehen, Preisnachlässe für Pakete oder kostenlosen Versand anzubieten, um die Attraktivität Ihrer Produkte zu steigern.

Der Kundenservice ist ein weiterer wichtiger Bestandteil beim Verkauf Ihrer alten Kleidung oder Accessoires auf Poshmark oder Depop. Wenn Sie schnell auf Anfragen und Fragen reagieren und flexibel und einfühlsam auf die Wünsche Ihrer Käufer eingehen, können Sie sich einen guten Ruf erarbeiten und Wiederverkäufer gewinnen. Sie sollten auch bereit sein, über Preise zu verhandeln und eine für beide Seiten vorteilhafte Vereinbarung mit Ihren Kunden zu treffen.

Poshmark und Depop erheben für die Nutzung ihrer Plattformen einen kleinen Prozentsatz Ihrer Verkäufe als Gebühr. Dies ist jedoch nur ein geringer Preis für die Einfachheit und den Bekanntheitsgrad, den diese Plattformen bieten. Und je erfolgreicher Sie Ihre Produkte verkaufen, desto mehr Geld können Sie verdienen.

Insgesamt kann der Verkauf Ihrer alten Kleidung oder Accessoires auf Poshmark oder Depop eine fantastische Möglichkeit sein, Ihren Kleiderschrank zu entrümpeln, schnelles Geld zu verdienen und mit anderen Menschen in Kontakt zu kommen, die eine ähnliche Leidenschaft für Mode teilen.

Ganz gleich, ob Sie Ihren Kleiderschrank entrümpeln oder schnelles Geld verdienen möchten, diese Plattformen bieten eine unkomplizierte und bequeme Methode, um ein großes Publikum mit Ihren gebrauchten oder hochwertigen Sachen zu erreichen.

17. IHRE NACHHILFE- ODER LEHRFÄHIGKEITEN AUF WEBSITES VERKAUFEN.

Wenn Sie auf der Suche nach einer flexiblen und profitablen Methode sind, um zusätzliches Geld zu verdienen, sollten Sie sich überlegen, als Tutor oder Lehrer auf Websites wie VIPKid und iTutor tätig zu werden.

Als Tutor oder Lehrer auf diesen Plattformen haben Sie die Möglichkeit, Schülern weltweit beim Erreichen ihrer akademischen Ziele zu helfen. Sie können Ihr Honorar selbst festlegen und bequem von zu Hause oder Ihrem Arbeitsplatz aus arbeiten.

Um loszulegen, müssen Sie ein Profil erstellen und eine Bewerbung einreichen. Dazu gehört häufig, dass Sie Informationen über Ihren Bildungsweg und Ihre Lehrerfahrung vorlegen und eine Probestunde und andere Prüfungen absolvieren.

Sobald Sie zugelassen sind, haben Sie Zugang zu verschiedenen Ressourcen und Unterstützungsleistungen, die Ihnen zum Erfolg verhelfen. Dazu gehören Schulungsmaterialien, Unterrichtsideen und die kontinuierliche Unterstützung durch das pädagogische Personal der Plattform.

Flexibilität ist einer der Hauptvorteile einer Tätigkeit als Tutor oder Lehrer auf Plattformen wie VIPKid oder iTutor. Sie können frei wählen, wann und wo Sie arbeiten und wie viel Sie arbeiten. Das macht es zu einer perfekten Alternative für Studenten mit vollen Terminkalendern und dem Bedürfnis, neben dem Unterricht Geld zu verdienen.

Ein weiterer Vorteil ist die Möglichkeit, ein gutes Gehalt zu verdienen. Tutoren und Lehrer auf diesen Plattformen können je nach Qualifikation und Erfahrung zwischen 14 und 22 Dollar pro Stunde verdienen. Dies kann im Laufe der Zeit zu einem großen, schnellen Geldbetrag führen.

Abgesehen von den finanziellen Vorteilen kann die Tätigkeit als Nachhilfelehrer auf Plattformen wie VIPKid oder iTutor auch befriedigend und lohnend sein. Sie werden die Möglichkeit haben, das Leben Ihrer Schüler maßgeblich zu beeinflussen und ihnen zu helfen, ihre akademischen Ziele zu erreichen.

Ziehen Sie in Erwägung, als Tutor oder Lehrer auf Plattformen wie VIPKid oder iTutor tätig zu werden, wenn Sie ein Student sind, der nach einer flexiblen und lohnenden Möglichkeit sucht, zusätzliches Geld zu verdienen. Sie können in dieser Position erfolgreich sein und das Leben Ihrer Kinder maßgeblich beeinflussen, wenn Sie die richtige Mentalität und Hingabe haben.

18. FREIBERUFLICHER SCHRIFTSTELLER ODER REDAKTEUR.

Als Student ist es eine Möglichkeit, schnell Geld zu verdienen, indem Sie Ihre Schreib- und Redaktionsdienste auf Plattformen wie Upwork und Freelancer anbieten. Diese Internetbörsen bringen Privatpersonen und Unternehmen mit Freiberuflern zusammen, die sie bei bestimmten Aufgaben unterstützen können, darunter auch beim Schreiben und Bearbeiten.

Wenn Sie über gute Schreib- und Bearbeitungsfähigkeiten verfügen und damit zusätzliches Geld verdienen möchten, sollten Sie Ihre Schreib- und Bearbeitungsdienste auf diesen Websites anbieten. Hier sind ein paar Vorschläge für den Anfang:

Mit Ihrem Profil können Sie potenziellen Kunden Ihre Talente und Erfahrungen zeigen. Fügen

Sie ein aussagekräftiges, professionelles Foto und einen ausführlichen Überblick über Ihre Qualifikationen ein, einschließlich relevanter Ausbildungen und Erfahrungen.

Entwickeln Sie eine spezialisierte Nische: Obwohl Sie verschiedene Schreib- und Redaktionsdienste anbieten können, kann es von Vorteil sein, sich auf einen bestimmten Bereich zu konzentrieren. Dadurch werden Sie für potenzielle Kunden, die nach einem Experten auf einem bestimmten Gebiet suchen, attraktiver. Sie könnten sich zum Beispiel auf die Entwicklung von Material für Websites, Beiträge für soziale Medien oder Forschungsarbeiten spezialisieren.

Berücksichtigen Sie bei der Wahl Ihrer Preise die vorherrschenden Preise für ähnliche Dienstleistungen auf der Plattform und den Grad Ihres Wissens und Ihrer Erfahrung. Achten Sie darauf, potenziellen Kunden Ihre Preise zu vermitteln, und seien Sie bereit, bei Bedarf zu verhandeln.

Ein solides Portfolio hilft Ihnen, sich von anderen Freiberuflern zu unterscheiden und potenziellen Kunden Ihr Fachwissen zu demonstrieren. Ziehen Sie in Erwägung, Schreib- und Redaktionsproben einzubinden, die Ihre Fähigkeiten und die Aufträge, die Sie bereits erledigt haben, belegen.

Sprechen Sie potenzielle Kunden direkt an und werben Sie für Ihre Dienste in den sozialen Medien und auf anderen Online-Plattformen, um Ihren Kundenstamm zu erweitern und Ihre Sichtbarkeit als Freiberufler zu erhöhen.

Seien Sie professionell und reaktionsschnell: Als Freiberufler ist es wichtig, effizient mit Kunden zu kommunizieren und Anfragen umgehend zu beantworten. Seien Sie sicher, dass Sie Ihren Verpflichtungen nachkommen und qualitativ hochwertige Arbeiten vor Ablauf der Frist einreichen.

Wenn Sie sich an diese Richtlinien halten, können Sie sich als wertvoller und zuverlässiger Freiberufler auf Websites wie Upwork und Freelancer etablieren. Sie können Ihre Schreib- und Bearbeitungsfähigkeiten in ein profitables Geschäft umwandeln, wenn Sie die Zeit und Mühe aufbringen.

19. BEZAHLTE ONLINE-MÖGLICHKEITEN UND MODELING.

Die Teilnahme an bezahlten Schauspiel- oder Modeljobs als Student ist eine schnelle Möglichkeit, zusätzliches Geld zu verdienen und Erfahrungen in der Unterhaltungsbranche zu sammeln. Sie können einige Maßnahmen ergreifen, um Ihre Chancen auf einen bezahlten Schauspiel- oder Modeljob zu erhöhen, auch wenn der Einstieg in die Branche schwierig ist.

Zunächst ist es wichtig, ein solides Portfolio zu erstellen. Dazu gehören Kopf- und Ganzkörperaufnahmen sowie alle anderen Fotos, die Ihr unverwechselbares Aussehen und Ihren Stil unterstreichen.

Ziehen Sie in Erwägung, in ein Fotoshooting mit einem örtlichen Fotografen zu investieren oder einen Freund zu bitten, hochwertige Bilder von Ihnen zu machen, wenn Sie noch keine professionellen Fotos haben. Außerdem ist es eine gute Idee, einen Lebenslauf zu erstellen, in dem Sie Ihre Erfahrungen als Schauspieler oder Model (falls Sie welche haben) und Ihre Talente oder Ausbildungen hervorheben.

Als Nächstes sollten Sie sich auf die Suche nach Möglichkeiten machen. Es gibt viele Möglichkeiten, bezahlte Schauspiel- oder Modeljobs zu finden. Eine Alternative ist der Beitritt zu einer Schauspiel- oder Modelagentur. Diese Agenturen vertreten Talente und helfen ihnen bei der Arbeitssuche. Der Beitritt zu einer Agentur kann zwar ein schwieriges Unterfangen sein, aber auch eine hervorragende Methode, um verschiedene Möglichkeiten zu nutzen.

Sie können auch auf eigene Faust nach Chancen suchen. Backstage, Model Mayhem und Craigslist sind nur einige der Websites und Dienste, die bezahlte Schauspiel- und Modeljobs anbieten. Erkundigen Sie sich bei örtlichen Casting-Direktoren und Produktionsfirmen, ob sie anstehende Projekte haben, für die Sie ein geeigneter Kandidat sein könnten.

Sie müssen professionell und gut vorbereitet sein, wenn Sie einen Schauspiel- oder Modeljob bekommen. Erscheinen Sie pünktlich, seien Sie bereit, Anweisungen anzunehmen, und seien Sie aufgeschlossen für Kommentare. All dies sind wesentliche Eigenschaften, die Casting-Direktoren und Kunden bei Talenten suchen.

Die Teilnahme an bezahlten Schauspiel- oder Modeljobs kann für Studenten eine gute Möglichkeit sein, zusätzliches Geld zu verdienen und Erfahrungen in der Branche zu sammeln. Mit einem guten Portfolio, einer proaktiven Einstellung und einem professionellen Auftreten können Sie Ihre Chancen auf bezahlte Aufträge erhöhen und eine erfolgreiche Schauspiel- oder Modelkarriere aufbauen.

20. ARTIKELVERMARKTUNG.

Wenn Sie bereits Inhalte für das Internet, Ihr Forum oder sogar für die Schule schreiben, kann das Verfassen von Artikeln eine lukrative und einfache Möglichkeit für Studenten sein, schnell online Geld zu verdienen.

Das Internet ist eine riesige Sammlung von Artikeln, einschließlich Millionen von Seiten an Informationen, die alle auf Knopfdruck verfügbar sind. Es ist eine nicht enden wollende Bibliothek des Wissens, die in jeder Sekunde eines jeden Tages danach dürstet, etwas zu lernen.

Doch wie fängt man an? Zunächst müssen Sie einen Artikel verfassen. Der Artikel kann über alles Mögliche sein, was auch immer in der Welt oder in Ihrem Kopf vor sich geht. Sie haben keine Lust, ihn selbst zu schreiben? Sie können jemanden in Ihrem Namen beauftragen.

Diese Personen sind als "Ghostwriter" bekannt. Sie schreiben diese Artikel zu verschiedenen Themen und verkaufen sie für den allgemeinen Verbrauch. Diese Artikel sind so gestaltet, dass der Käufer sie individuell gestalten kann.

Einige Websites akzeptieren diese Artikel, aber sie sind in der Regel von geringerer Qualität und erzielen keine hohen Preise. Die effektivste Taktik besteht darin, einen Artikel mit 200 bis 400 Wörtern zu verfassen. Der Artikel ist übermäßig lang und liest sich wie ein Monolog. Der Artikel sollte nicht zu kurz sein, denn Sie wollen dem Internet einen Mehrwert bieten.

Bevor Sie Ihren Beitrag einreichen, sollten Sie sich an die genannten Anforderungen halten. Sobald Sie einen Artikel geschrieben haben, müssen Sie eine Website finden, die dafür bezahlt. Associated Content ist eine der besten Websites, die ich gefunden habe. Diese Website zahlt zwischen 5 und 50 Dollar pro Artikel, je nach Qualität und Nachfrage. Auf der Website sind besonders gefragte Artikel gekennzeichnet, für die in der Regel wesentlich höhere Preise gezahlt werden.

Geben Sie an, ob Sie Ihren Artikel als "exklusiv" oder "nicht-exklusiv" einreichen möchten. Exklusiv bedeutet, dass Sie Ihre Autorenrechte an die Website abtreten; Sie dürfen diesen Beitrag dann nicht mehr verwenden. Nicht-exklusiv bedeutet das genaue Gegenteil; Sie behalten die Autorenrechte an dem Artikel. Für exklusive Artikel werden in der Regel die höchsten Preise verlangt.

Die Erstellung Ihres E-Books ist eine weitere Möglichkeit, Ihr Schreiben zu Geld zu machen. Das Buch kann als Schulaufgabe, Semesterbericht oder Problemlösungsstrategie interessant sein. Es gibt viele kostenlose Anleitungen, die erklären, wie man das macht. Partnerprogramme können eine der effektivsten Möglichkeiten sein, Ihr Werk zu vermarkten. Nachdem Sie ein Meisterwerk geschaffen haben, müssen Sie es nur noch an die ganze Welt verkaufen.

Websites wie Clickbank und Commission Junction können Sie dabei unterstützen. Sie können nun Ihren Einfluss auf MySpace oder Facebook nutzen, um den Einfluss und die Popularität Ihres Buches zu erhöhen und so den Verkauf Ihres Buches zu fördern.

Auch wenn das Schreiben von Artikeln Sie nicht reich macht, bietet es ein konstantes Einkommen und ist wahrscheinlich die zuverlässigste Möglichkeit für Studenten, schnelles Geld online zu verdienen.

21. MIKRO-JOB-PORTALE.

Welche Arten von Jobs gibt es? Das hängt weitgehend von den individuellen Fähigkeiten, dem Hauptfach und den absolvierten Kursen ab. College-Studenten und Kinder im College-Alter können sich ein weiteres Einkommen verschaffen, indem sie Jobs auf Mikro-Job-Sites ausschreiben.

Es gibt Parallelen zwischen einer Reihe von Studienfächern und den Arten von Aufgaben, die auf Mikro-Jobbörsen gut funktionieren und sich gut verkaufen lassen; daher gibt es viele Möglichkeiten für Studenten verschiedener Fachrichtungen.

Was sind Mikro-Jobbörsen?

Auf diesen Websites kann jeder Jobs ausschreiben, die in der Regel weniger als 20 Dollar kosten, wobei die beliebtesten Websites den Nutzern erlauben, Jobs auszuschreiben, die zwischen 5 und 10 Dollar kosten. Website-bezogene Dienstleistungen wie

SEO, Schreiben von Artikeln, Linkaufbau usw. sind die am häufigsten ausgeschriebenen Jobs. Dennoch kann jeder Job (außer für Erwachsene, illegale und glücksspielbezogene Aufgaben) ein Bestseller werden!

Das ist einer der Hauptanziehungspunkte dieser Websites; es ist praktisch schwer vorherzusagen, welcher Job bei den Käufern, die diese Websites besuchen, Anklang finden wird. Der Schlüssel ist der Wert und die Qualität; wenn Sie Jobs veröffentlichen, die einen wertvollen Service bieten, der dem Käufer Zeit spart, werden Sie Jobs verkaufen!

Warum sollten Hochschulstudenten Stellenangebote auf Mikro-Jobbörsen inserieren?

Es gibt einige Gründe, warum Studenten ideale Verkäufer auf Mikro-Job-Sites sind und so Geld verdienen können. Die wichtigsten sind jedoch ihre Fähigkeiten, die Möglichkeit, zu arbeiten, wann immer sie wollen, die Vertrautheit mit der Technologie und die Fähigkeit, schnell zu lernen.

Hochschulstudenten verfügen in der Regel über Kompetenzen in vielen Bereichen und besitzen Fähigkeiten, die in der Allgemeinheit nicht üblich sind. Darüber hinaus verfügt jeder Mensch über einzigartige Fähigkeiten, die er nutzen kann, um Arbeitsplätze zu schaffen und Aufträge so auszuführen, dass er einen guten Stundensatz erhält. Je origineller und einzigartiger eine Arbeit ist, desto mehr Aufrufe wird sie erhalten und desto mehr wird sie sich folglich auch verkaufen.

Wenn Sie über viele Fähigkeiten verfügen, können Sie diese kombinieren, um originelle Aufträge zu entwickeln, die die Leute zu einem niedrigen Preis kaufen wollen. Die Herausforderung besteht darin, herauszufinden, wie man in relativ kurzer Zeit etwas Unverwechselbares anbieten kann. Es liegt an jedem Einzelnen, zu bestimmen!

Verkaufen auf einer Mikro-Job-Site ermöglicht eine flexible Zeitplanung.

Das Verkaufen von Jobs auf Mikro-Job-Sites ermöglicht es Studenten, zu arbeiten, wann immer sie können, und Anfragen für ihre Dienste zu erfüllen, sobald sie eintreffen. So können die Leute stundenweise arbeiten, wenn sie Zeit haben, und müssen nicht viele Stunden "einstecken", um Geld zu verdienen.

Studenten im College sind mit der Technologie aufgewachsen.

Da Studenten mit Computern aufgewachsen sind, sind viele Arbeiten, die oft auf Mikro-Job-Sites angeboten werden, für sie entweder selbstverständlich oder können schnell gemeistert werden, um Geld zu verdienen.

Einer der Gründe, warum Mikro-Jobbörsen so beliebt sind, ist, dass die Kunden lieber jemanden bezahlen, der bereits weiß, wie man etwas macht, als es zu lernen und die Aufgabe selbst zu erledigen. Sie können mehr qualitativ hochwertige Jobs in verschiedenen Bereichen ausschreiben, wenn Sie über vielfältige Fähigkeiten verfügen, und Sie werden mehr verkaufen als jemand mit einem einzigen Job, der mit einer Spezialisierung verbunden ist.

Wenn Sie als Student versuchen, in Ihrer Freizeit online Geld zu verdienen, sollten Sie in Erwägung ziehen, Arbeiten auf Mikro-Jobbörsen auszuschreiben. Sie können Jobs verkaufen, die auf Ihren aktuellen Kenntnissen und Talenten basieren!

22. PARTNERPROGRAMME.

Sind Sie verwundert, warum Künstler, von denen Sie noch nie gehört haben, oder Elektronikartikel, die Sie noch nie gesehen haben, zu den meistverkauften Produkten bei Amazon gehören? Das ist zum Teil auf die Magie des Affiliate-Marketings zurückzuführen.

Diese Produkte werden täglich in Chatrooms, Foren, Publikationen und Suchmaschinen von Leuten wie Ihnen und mir massenhaft vermarktet. Sie alle haben ein einziges Ziel: Provisionen. Affiliate-Marketing kann für Studenten recht erfolgreich sein und schnell zu Geld führen, auch wenn es anfangs einige Versuche und Fehler erfordert.

Wie fangen Sie an?

Zunächst müssen Sie etwas finden, das derzeit populär ist, z. B. ein Produkt oder ein Thema, für das sich die Leute begeistern. Nutzen Sie MySpace,

Facebook oder Ihr bevorzugtes Forum, um herauszufinden, was die Menschen brauchen oder worüber sie sich erkundigen. Untersuchen Sie das aktuelle Geschehen in der Medien- und Sportwelt. Ermitteln Sie, was bei eBay, Amazon und sogar Google gerade angesagt ist.

Google Labs bietet ein fantastisches Tool, das die zehn meistgesuchten Produkte anzeigt. Betrachten Sie das Offensichtliche: die Einstellungen der Universitäten. Sie sind hervorragende Orte, um herauszufinden, was den Menschen gefällt. Sobald Sie wissen, was die Menschen weltweit begehren, werden Sie besser verstehen, was Sie vermarkten müssen.

Als Nächstes müssen Sie einige relevante, effektive Schlüsselwörter ermitteln. Die Wahl des richtigen Schlüsselworts ist von entscheidender Bedeutung, da es den Erfolg der Marketingbemühungen für Ihr Produkt beeinflussen wird. Keyword-Suchmaschinen wie Google Keywords und Overture sind hervorragende Ressourcen, um die besten Keywords für Ihre Kampagne zu finden. Suchen Sie nach Long-Tail-Schlüsselwörtern (3-5

Wörter) mit einem hohen Suchvolumen und geringem Wettbewerb.

Wie kann ich das beste Produkt finden?

Nachdem Sie Ihr Thema und Ihr Schlüsselwort festgelegt haben, müssen Sie im nächsten Schritt ein Produkt finden. Der Schlüssel zur erfolgreichen Werbung für ein Produkt liegt darin, etwas zu finden, von dem Sie glauben, dass es zur Lösung eines Problems beiträgt und für Ihre Zielgruppe relevant ist. Vergewissern Sie sich, dass das Produkt bei Ihrer Zielgruppe Anklang findet. Wenn Sie jemandem helfen wollen, vor seiner Hochzeit abzunehmen, sollten Sie es vermeiden, Produkte zu verkaufen, mit denen man Geld verdienen kann.

Wie können Sie sich bei einem Partnerprogramm anmelden?

Fast immer wird jedes Produkt mit einem Partnerprogramm verbunden sein. Amazon ist höchstwahrscheinlich der beste Ort, um Partnerprogramme für aktuelle Produkte zu finden.

Sie bieten ein außergewöhnliches Provisionsprogramm.

Amazon kümmert sich um seine Partner und stellt unzählige Ressourcen zur Verfügung, um Ihnen den Einstieg zu erleichtern. In der Regel bieten die Partnerprogramme Provisionen zwischen 50 und 75 %. ClickBank ist die beste Option, wenn Sie ein E-Produkt verkaufen möchten. Allerdings habe ich auf dieser Website ein paar faule Äpfel entdeckt.

Nachdem Sie das Thema, die Schlüsselwörter, das Produkt und das Partnerprogramm bestimmt haben, müssen Sie die Vorgehensweise festlegen. Zu Beginn ist das Artikelmarketing die beste Strategie. Richten Sie einfach ein Squidoo-Objektiv oder eine Landing Page zu Ihrem Produkt ein und laden Sie relevante Artikel hoch. Dieser Ansatz des Affiliate-Marketings kann langsam und zeitaufwändig sein, ist aber kostenlos und für den Anfang die Mühe wert.

Sie können Pay-Per-Click-Werbung auf Websites wie Google Adwords, Yahoo Search Marketing und MSN AdCenter ausprobieren, wenn

Sie glauben, dass Sie fortgeschrittener sind als der durchschnittliche Vermarkter. Sie können viel schneller Gewinne erzielen, wenn Sie Ihre Kampagnen richtig organisieren. Allerdings ist die Gefahr wesentlich größer und kann extrem kostspielig sein, wenn Sie keine Erfahrung haben.

Wo kann ich mehr Informationen über Affiliate Marketing finden?

Ob durch Artikelmarketing oder Pay-per-Click-Werbung, Affiliate-Marketing kann lukrativ sein, wenn es effektiv durchgeführt wird. Der beste Weg, um in diesem Bereich Geld zu verdienen, ist die Suche nach Websites, die Sie über das Geschäft hinter dem Affiliate-Marketing aufklären.

Websites wie Wealthy Affiliate und Bum Marketing Methods sind wunderbare Ressourcen, wenn Sie sich über die Grundlagen des Geschäfts informieren möchten. Egal, ob Sie ein Student sind oder ein zusätzliches Einkommen suchen, Affiliate Marketing ist ein Geschäft, das Sie untersuchen sollten mehr.

23. GOOGLE ADSENSE.

Haben Sie sich jemals gefragt, woher die kleinen Werbeanzeigen auf Websites kommen? Diese Anzeigen sind Teil eines Google-Programms namens AdSense. Sie scheinen Sie überall im Internet zu verfolgen und zu wissen, wonach Sie suchen.

Mit diesem Tool kann jede Website oder jeder Blog durch Werbung Einnahmen erzielen. Dies ist eine der einfachsten Möglichkeiten für Studenten, online Geld zu verdienen, auch wenn es sich kompliziert anhören mag.

Wenn es Ihnen wie den meisten Internetnutzern geht, werden Sie von Pop-up- und Banner-Werbung leicht abgelenkt. Sie scheinen das Web-Erlebnis völlig zu zerstören. Google AdSense übertrifft die Standard-Bannerwerbung. Es durchsucht automatisch Ihre Website oder Ihren Blog und findet auf der Grundlage der Suchanfrage des Besuchers passende Anzeigen. Die Anzeigen sind kleiner, weniger einschüchternd und mit weniger Fläche wesentlich effektiver.

Man kann sich also fragen, was das für einen Studenten bedeutet? Mit dem Beginn des 21. Jahrhunderts ist die Bereitstellung von Kursmaterialien und Aufgaben wesentlich stärker computerisiert worden.

Mit der zunehmenden Nutzung virtueller Klassenzimmer hat sich die Erstellung einer Website oder eines Blogs von einem Zeitvertreib zu einem wichtigen Bedürfnis entwickelt. Durch das Einfügen von Werbung auf ihren Websites können die Studierenden leicht Geld verdienen.

Seit der Jahrtausendwende hat sich die Entwicklung von Websites erheblich ausgeweitet. Jeden Tag werden Websites mit Millionen von unterschiedlichen Themen und Fähigkeiten entwickelt.

Machen Sie sich keine Sorgen, wenn Sie kein Geld für das Hosting haben. Kein Problem, wenn Sie die 10 bis 20 Dollar pro Monat für das Hosting aufbringen können, Ihnen aber die gestalterischen Fähigkeiten fehlen. Es gibt auch andere kostenlose Hosting-Websites, wie synthasite.com und weebly.com.

Jeder liebt Meinungsblogs; Sie können buchstäblich über alles schreiben! Die meisten Hosting-Websites bieten Design-Assistenten an, um den Erstellungsprozess zu vereinfachen, oder, im schlimmsten Fall, haben Sie nichts, worüber Sie schreiben könnten. Das ist kein Problem. Erstellen Sie einfach einen Meinungsblog auf einer Plattform wie blogger.com.

Um mit Ihrer Website Geld zu verdienen, besuchen Sie Google und suchen Sie die Werbeprogramme am Ende der Website. Wählen Sie das AdSense-Programm, fügen Sie Ihre Website und Ihre persönlichen Daten hinzu, und schon sind Sie fertig.

Google AdSense macht es Ihnen leicht, die Arten von Anzeigen auszuwählen, die Sie schalten möchten, und bietet viele Anleitungen, wie Sie diese auf Ihrer Website implementieren können. Sobald Sie die Anzeigen auf Ihrer Website platziert haben, können Sie sich zurücklehnen und zusehen, wie das Geld hereinströmt.

Vermeiden Sie es, auf Ihre Anzeigen zu klicken. Auch wenn dies harmlos erscheinen mag, betrachtet Google dies als "Klickbetrug" und wird Sie wahrscheinlich aus seinem AdSense-Programm ausschließen. Google ist äußerst geschickt darin, diesen Betrug zu erkennen, so dass es unvermeidlich ist, erwischt zu werden.

Versuchen Sie, mit Bookmarking-Diensten wie Stumble und del.icio.us kostenlosen Traffic auf Ihrer Website zu generieren. Sobald Besucher Ihre Website besuchen, sollten Sie die Ergebnisse Ihrer Arbeit bemerken.

Google zahlt am Ende eines jeden Monats aus, d. h. Sie werden bezahlt, wenn Ihr Kontostand 100 $ erreicht. Google bevorzugt die direkte Einzahlung per elektronischer Überweisung, schickt aber auch gerne einen Scheck.

AdSense kann einem hungernden Studenten ein konstantes Teilzeiteinkommen verschaffen, auch wenn das Programm nicht in der Lage ist, ein hohes Einkommen zu erzielen. AdSense ist zweifellos eine der besten Möglichkeiten, online Geld zu verdienen, wenn Sie kreativ und bereit sind, sich etwas Mühe zu geben.

24. TRANSKRIPTIONISTEN ZU HAUSE.

Die Arbeit als Transkriptionist von zu Hause aus kann sehr befriedigend sein. Sie können in Ihrem eigenen Tempo an Aufgaben arbeiten, die sowohl wichtig sind als auch an Ihre Bedürfnisse angepasst werden können. Sie können nicht nur als medizinische Transkriptionistin arbeiten, sondern auch in verschiedenen anderen Branchen.

Arbeitgeber, die Transkriptionisten beschäftigen, suchen jemanden mit unterschiedlichen Zeitplänen. Hochschulstudenten sind oft sehr mit ihrem Studium beschäftigt. Da bleibt wenig Zeit für eine herkömmliche Karriere in einem Restaurant. Außerdem ist die Arbeit von zu Hause aus als Student eine ausgezeichnete Option.

Wenn Sie sich auf die Suche nach einer Stelle als Transkriptionist machen, werden Sie oft feststellen, dass die Unternehmen Ihre schriftlichen Fähigkeiten beurteilen wollen. Gelegentlich werden dafür Schreibbeispiele oder ein Praktikum verlangt.

Während für viele Stellen als medizinischer Transkriptionist Erfahrung in einem medizinischen Fachgebiet erforderlich ist, ist dies bei vielen anderen Stellen nicht der Fall. Sie können als juristischer Transkriptionist oder als freiberuflicher Transkriptionist arbeiten.

Als Transkriptionist erhalten Sie ein Paket mit Audioaufnahmen, die Sie in das von Ihrem Unternehmen vorgegebene Format transkribieren müssen. Dies ist in den meisten Fällen ein unkomplizierter Vorgang, und Sie können Ihre Arbeit relativ leicht bewältigen. Die Arbeit als Transkriptionist ist jedoch keine Methode, um schnell reich zu werden.

Ziehen Sie eine Tätigkeit als Transkriptionist/in von zu Hause aus in Betracht, wenn Sie Student/in sind und eine einfache Möglichkeit suchen, Geld zu verdienen, um Ihre

Unterhaltungskosten zu decken. Es ist wunderbar, jede Woche ein paar Stunden mehr als Schreibkraft zu arbeiten, um zusätzliches Taschengeld zu verdienen.

Versuchen Sie, was ich gemacht habe, wenn Sie sofort oder innerhalb einer Stunde Geld brauchen. Ich verdiene heute mehr Geld als in meinem vorherigen Geschäft, und Sie können das auch: Klicken Sie auf den Link unten, um die unglaubliche, echte Geschichte zu lesen. Ich war nur zehn Sekunden nach meinem Beitritt misstrauisch, bevor ich wusste, was das ist. Sie werden auch von einem Ohr zum anderen strahlen, so wie ich es tat.

25. BARTENDING.

Es ist wichtig zu erkennen, dass das Barkeeping, obwohl es für Ihren studentischen Lebensstil und Ihr finanzielles Konto von Vorteil ist, nicht so einfach ist, wie manche glauben. Bevor Sie sich entscheiden, ob ein Teilzeitjob in der Branche das Richtige für Sie ist, sollten Sie die Art der Arbeit, die von Ihnen verlangt wird, berücksichtigen.

Je nach Betrieb kann die Arbeit hinter der Theke recht anstrengend sein. Ein ständiger Strom von Kunden wird das Lokal betreten, und jeder wird sofortige Bedienung verlangen. Je mehr Kunden da sind, desto mehr Getränke müssen Sie gleichzeitig zubereiten, und desto wahrscheinlicher ist es, dass die Kunden verärgert sind, wenn ihre Bestellungen nicht korrekt ausgeführt werden.

Ein Vorteil ist, dass Sie sich nie langweilen werden. Anders als bei der Arbeit in einem Einzelhandelsgeschäft müssen Sie nicht immer wieder dieselbe Aufgabe erledigen. Trotzdem werden Sie von den Füßen aufgewühlt! Manche Menschen fühlen sich in diesem Umfeld wohl, andere nicht.

Die Zufriedenheit der Kunden ist ein wichtiger Punkt. Je zufriedener Ihre Kunden sind, desto eher sind sie bereit, Ihnen Trinkgeld zu geben. Sie können ein anständiges Gehalt verdienen, aber der größte Teil Ihres Verdienstes wird aus Trinkgeldern stammen.

In einem geschäftigen Umfeld können Sie sich nicht immer mit den Kunden unterhalten, aber wenn Sie sich um alles kümmern und dabei höflich bleiben und "Service mit einem Lächeln" bieten, werden Sie viel erreichen.

Eine zweite Facette des Barkeepings, die viele übersehen, hat nichts mit den Kunden zu tun. Wenn man mehrere Personen in eine stressige Atmosphäre bringt, in der sie sich aufeinander verlassen müssen, um eine Aufgabe zu erledigen, kann es zu vielen persönlichen Konflikten kommen. Die Kollegen können manchmal die Quelle des größten Stresses sein.

Sie müssen lernen, Erklärungen nicht persönlich zu nehmen, wenn jemand mit sich selbst beschäftigt ist und Sie anschnauzt. Sie müssen es auch vermeiden, die Leute im Detail zu überwachen und sich zu sehr aufzuregen, wenn jemand mit mehr Erfahrung Sie bittet, eine Aufgabe zu erledigen.

Nachdem Sie die Realität des Barkeepings verstanden haben, können Sie sich für einen Job bewerben, wenn Sie wissen, was Sie in gewissem Maße erwartet. Die Arbeit ist nicht einfach, aber sie ist befriedigend. Die meisten Studenten, die in Bars gearbeitet haben, betrachten diese Erfahrung als die schönste, die sie je gemacht haben. Einigen macht es so viel Spaß, dass sie bleiben und in andere Positionen in der Hotelbranche aufsteigen.

26. TEILNAHME AN BEZAHLTEN PRAKTIKA ODER LEHRSTELLEN.

Es kann schwierig sein, als Student Kursarbeit, außerschulische Aktivitäten und einen Teilzeitjob unter einen Hut zu bringen. Dennoch kann es wichtig sein, schon während des Studiums Geld zu verdienen, um Rechnungen zu bezahlen und nützliche Berufserfahrung zu sammeln. Die Teilnahme an bezahlten Praktika oder Lehrstellen ist eine Möglichkeit für Studenten, Geld zu verdienen.

Bezahlte Praktika und Lehrstellen ermöglichen es Studenten, praktische Erfahrungen in einem bestimmten Beruf zu sammeln und gleichzeitig ein Gehalt oder eine Vergütung zu erhalten. Diese Programme können eine hervorragende Gelegenheit sein, den Lebenslauf zu verbessern, Kontakte zu Fachleuten zu knüpfen und möglicherweise nach dem Abschluss eine Vollzeitstelle zu bekommen.

Die Teilnahme an bezahlten Praktika und Lehrstellen als Hochschulstudent hat verschiedene Vorteile. Einige der wichtigsten Vorteile sind die folgenden:

Bezahlte Praktika und Lehrstellen ermöglichen es Studierenden, wichtige Berufserfahrung in einer bestimmten Branche zu sammeln. Dies kann den Lebenslauf aufwerten und die Chancen auf eine Vollzeitstelle nach dem Studium erhöhen.

Bezahlte Praktika und Lehrstellen ermöglichen es den Studierenden, ein Gehalt oder ein Stipendium zu erhalten, im Gegensatz zu unbezahlten Praktika. Dies kann nützlich sein, um Studiengebühren, Miete und andere Ausgaben zu decken.

Bezahlte Praktika und Ausbildungen ermöglichen es Ihnen, Fachleute aus Ihrer Branche zu treffen und mit ihnen zusammenzuarbeiten und so Ihr berufliches Netzwerk zu erweitern. Auf diese Weise können Sie Ihr berufliches Netzwerk schnell erweitern und Verbindungen knüpfen, die zu künftigen Beschäftigungsmöglichkeiten führen können.

Bezahlte Praktika und Lehrstellen können dazu beitragen, neue Fähigkeiten zu entwickeln und vorhandene zu verbessern. Dies kann vor allem für Studierende nützlich sein, die bei ihrer Berufswahl noch unentschlossen sind oder das Berufsfeld wechseln möchten.

Bezahlte Praktika und Lehrstellen führen oft zu einer Vollzeitbeschäftigung nach dem Abschluss. Die Teilnahme an diesen Programmen ermöglicht es Ihnen, Zugang zu potenziellen Arbeitgebern zu erhalten und einen positiven Eindruck bei ihnen zu hinterlassen.

Wie man bezahlte Praktika und Lehrstellen findet und sich dafür bewirbt:

Bevor Sie sich auf die Suche nach bezahlten Praktika und Lehrstellen machen, müssen Sie Ihre Interessen und beruflichen Ziele definieren. Auf diese Weise können Sie Ihre Auswahl einschränken und sich auf Perspektiven konzentrieren, die Ihren Zielen entsprechen.

Informieren Sie sich über die verfügbaren Programme: Es gibt viele Websites, die Studierenden bei der Suche nach bezahlten Praktika und Ausbildungsplätzen helfen. Einige Alternativen sind:

Viele Schulen und Universitäten verfügen über Karrierecenter, die Studierende auf der Suche nach Praktika und Ausbildungsplätzen mit Informationen und Unterstützung versorgen. Diese Zentren haben oft Listen mit verfügbaren Programmen und können bei der Bewerbung helfen.

Viele Berufsverbände bieten Praktikums- und Ausbildungsmöglichkeiten für Studenten an. Eine Recherche bei Organisationen in Ihrem Fachgebiet kann zu nicht angekündigten Möglichkeiten führen.

In verschiedenen Internet-Beschäftigungsforen werden bezahlte Praktika und Lehrstellen angeboten. LinkedIn und InternMatch sind Beispiele für beliebte Möglichkeiten.

Bereiten Sie Ihre Bewerbungsunterlagen vor. Sobald Sie mögliche Praktikums- oder Ausbildungsplätze gefunden haben, sollten Sie unbedingt Ihre Bewerbungsunterlagen vorbereiten. Diese bestehen in der Regel aus einem Lebenslauf, einem Anschreiben und anderen vom Programm geforderten Unterlagen. Achten Sie darauf, dass Ihre Bewerbung auf das jeweilige Programm zugeschnitten ist und dass Sie Ihre relevanten Fähigkeiten und Erfahrungen darlegen.

Es ist ratsam, sich auf viele bezahlte Praktika und Ausbildungsplätze zu bewerben, um Ihre Chancen auf eine Zusage zu erhöhen. Lesen Sie die Bewerbungsanforderungen sorgfältig durch und reichen Sie alle erforderlichen Unterlagen ein.

Nachdem Sie Ihre Bewerbung eingereicht haben, sollten Sie sich mit dem Programm in Verbindung setzen, um sich nach dem Stand Ihrer Bewerbung zu erkundigen. So können Sie Ihr Interesse und Ihr Engagement für die Gelegenheit zeigen.

Optimieren Sie Ihr bezahltes Praktikum oder Ihre Lehrlingsausbildung:

Sobald Sie ein bezahltes Praktikum oder eine Lehrstelle erhalten haben, müssen Sie diese Chance optimal nutzen. Hier sind einige Erfolgstipps:

Wie bei jeder Stelle ist es wichtig, dass Sie pünktlich und zuverlässig sind. Pünktlichkeit und die Einhaltung von Verpflichtungen zeugen von Ihrer Professionalität und Ihrem Engagement für das Programm.

Scheuen Sie sich nicht, die Initiative zu ergreifen und Fragen zu stellen. Damit zeigen Sie Ihren Lerneifer und Ihre Bereitschaft, über den Tellerrand hinauszuschauen.

Bezahlte Praktika und Lehrstellen ermöglichen es Ihnen, Kontakte zu knüpfen und Beziehungen zu Menschen in Ihrem Fachgebiet aufzubauen. Nutzen Sie diese Chance, indem Sie Kontakte knüpfen und Beziehungen aufbauen.

So viel Wissen wie möglich: Denken Sie daran, dass das Hauptziel von bezahlten Praktika und Lehrstellen darin besteht, wichtige Erfahrungen und Fähigkeiten zu erwerben. Seien Sie so lernbereit wie möglich und nehmen Sie anspruchsvolle Aufgaben und Verantwortungen an.

Bezahlte Praktika und Lehrstellen können für Studierende eine hervorragende Möglichkeit sein, Geld zu verdienen und gleichzeitig wichtige Berufserfahrungen zu sammeln und ihr berufliches Netzwerk auszubauen.

Wenn Sie die in diesem Abschnitt erläuterten Methoden befolgen, können Sie bezahlte Praktika und Ausbildungsplätze finden, sich dafür bewerben und nach der Zusage das Beste aus der Gelegenheit machen.

Bezahlte Praktika und Lehrstellen können eine wunderbare Investition in Ihre Zukunft sein, ganz gleich, ob Sie einen möglichen Karriereweg erkunden oder praktische Fähigkeiten erlernen möchten.

27. FREIBERUFLICHE UND GIG-ECONOMY-JOBS.

Freiberufliche Arbeit und Gig-Economy-Jobs können für Studenten, die schnell Geld verdienen wollen, eine gute Wahl sein. Diese Arten der Beschäftigung bieten Flexibilität und die Möglichkeit, an verschiedenen Projekten oder Aufgaben zu arbeiten, oft nur vorübergehend.

Einer der Vorteile der freiberuflichen Arbeit und der Gig-Economy-Beschäftigung ist, dass sie flexibel ausgeübt werden können. Das ist typisch für Studenten, die noch andere Verpflichtungen haben, z. B. Kurse und außerschulische Aktivitäten. Darüber hinaus können viele freiberufliche Tätigkeiten aus der Ferne ausgeübt werden, was sie ideal für Studenten macht, die nicht zu einem traditionellen Arbeitsplatz pendeln möchten.

Lektorat, Schreiben, Social-Media-Management und Grafikdesign sind nur einige der vielen freiberuflichen Tätigkeiten, die in der Gig Economy angeboten werden. Wenn Sie ein bestimmtes Talent oder eine besondere Spezialisierung haben, können Sie eine freiberufliche Tätigkeit in Ihrem Studienfach oder Ihrem Interessengebiet ausüben.

Die Nutzung von Internetseiten wie Upwork, Fiverr und Freelancer ist eine Möglichkeit, freiberufliche Arbeit und Jobs in der Gig Economy zu finden. Diese Websites bringen Freiberufler mit Kunden zusammen, die verschiedene Dienstleistungen suchen, und ermöglichen es Ihnen, auf Aufgaben zu bieten oder sich dafür zu bewerben, die Ihren Fähigkeiten und Ihrer Verfügbarkeit entsprechen.

Die Vernetzung mit Einzelpersonen oder Unternehmen in Ihrem Interessensgebiet ist eine weitere Möglichkeit, freiberufliche Arbeit und Jobs in der Gig Economy zu finden. Sie können eine Beschäftigung finden, indem Sie sich an Professoren oder Fachleute in Ihrem Bereich wenden oder Berufsverbänden oder Netzwerkgruppen beitreten.

Sie können auch über das Career Center Ihrer Schule, über Stellenausschreibungen, das Internet und über Netzwerke nach freiberuflichen Jobs und Jobs in der Gig Economy suchen. Viele Hochschulen verfügen über Ressourcen, die Studenten bei der Suche nach Jobs in der Freiberuflichkeit und der Gig-Economy unterstützen, und können Sie möglicherweise mit möglichen Kunden und Arbeitgebern in Verbindung bringen.

Freiberufliche Arbeit und Jobs in der Gig-Economy können hervorragende Alternativen für Studenten sein, die ein flexibles, schnelles Einkommen suchen. Unabhängig davon, ob Sie eine bestimmte Fähigkeit oder ein bestimmtes Wissen haben oder sich an verschiedenen Projekten und Aufgaben versuchen möchten, gibt es viele Möglichkeiten, um ein breites Spektrum an Interessen und Fachkenntnissen abzudecken.

Wenn es um freiberufliche Tätigkeiten und Jobs in der Gig Economy geht, ist es wichtig, die möglichen Risiken und Vorteile jeder Gelegenheit abzuwägen. Diese Jobs bieten zwar Flexibilität und die Möglichkeit, an verschiedenen Projekten zu arbeiten, können aber auch Hindernisse mit sich bringen.

So bieten Freiberufler und Gig-Economy-Jobs unter Umständen nicht dieselbe Arbeitsplatzsicherheit oder dieselben Leistungen wie herkömmliche Arbeitsverhältnisse, z. B. eine Krankenversicherung oder eine Altersvorsorge. Es ist wichtig, die Bedingungen jeder Gelegenheit gründlich zu prüfen und sich der möglichen Gefahren und Hindernisse bewusst zu sein.

Darüber hinaus erfordern freiberufliche Tätigkeiten und Tätigkeiten in der Gig-Economy häufig eine Verwaltung der eigenen Steuern und Gelder. Dies kann bedeuten, dass Sie Ihre Einnahmen und Ausgaben im Auge behalten und Geld für Steuern sparen müssen. Es ist ratsam, sich mit den Steuervorschriften und -bestimmungen im

Zusammenhang mit freiberuflichen Tätigkeiten und Gig-Economy-Jobs vertraut zu machen und bei Fragen einen Steuerexperten zu konsultieren.

Eine weitere Schwierigkeit bei freiberuflichen und Gig-Economy-Jobs ist die Notwendigkeit, ständig nach neuen Möglichkeiten zu suchen. Um ein regelmäßiges Einkommen zu erzielen, kann es erforderlich sein, dass Sie sich ständig um neue Kunden oder Projekte bemühen. Dies kann von Ihnen verlangen, dass Sie Ihre Fähigkeiten und Dienstleistungen proaktiv verkaufen, was zeitaufwändig sein kann.

Trotz dieser Hindernisse können freiberufliche Tätigkeiten und Jobs in der Gig Economy eine ausgezeichnete Wahl für Studenten sein, die ein flexibles, schnelles Einkommen suchen. Unabhängig davon, ob Sie eine bestimmte Fähigkeit oder ein bestimmtes Wissen haben oder sich an verschiedenen Projekten und Aufgaben versuchen möchten, gibt es viele Möglichkeiten, um eine breite Palette von Interessen und Fachkenntnissen zu berücksichtigen.

Um Ihre Erfolgschancen in der Freiberuflichkeit und in der Gig Economy zu maximieren, ist es wichtig, vertrauenswürdig und professionell zu sein. Dies kann bedeuten, dass Sie die Erwartungen Ihrer Kunden klar formulieren, Fristen einhalten und qualitativ hochwertige Arbeit leisten.

Wenn Sie sich einen Ruf als qualifizierter und zuverlässiger Freiberufler oder Gigworker aufbauen, können Sie Ihre Chancen auf neue Aufträge und eine erfolgreiche Karriere als Freiberufler oder Gigworker erhöhen.

Freiberufliche Arbeit und Jobs in der Gig-Economy können hervorragende Alternativen für Studenten sein, die ein flexibles, schnelles Einkommen suchen. Diese Arten von Arbeit können zwar Probleme mit sich bringen, bieten aber auch die Möglichkeit, Fähigkeiten zu entwickeln und nützliche Erfahrungen zu sammeln. Sie können Ihre Erfolgschancen bei freiberuflichen und Gig-Economy-Jobs erhöhen, indem Sie die möglichen Risiken und Vorteile sorgfältig abwägen und professionell und zuverlässig sind.

KAPITEL 2: SCHRITTE FÜR DEN EINSTIEG IN DAS SCHNELLE GELD.

In der heutigen düsteren Wirtschaftslage haben viele Studenten aufgrund der steigenden Studiengebühren und Lebenshaltungskosten Schwierigkeiten, über die Runden zu kommen. Es ist kein Geheimnis, dass viele nach schnellen, einfachen Lösungen suchen, um mehr Geld zu verdienen. Ich weiß, dass Studenten in der Regel an der Spitze dieser Rangliste stehen.

In diesem Kapitel werde ich einen entspannten Ansatz für schnelles Geld besprechen, den jeder, insbesondere Studenten, anwenden kann. Auf diese Weise kann man Tausende von Dollar pro Monat verdienen. Ich sollte anmerken, dass die Strategie, die ich gleich beschreiben werde, dazu verwendet werden kann, weit mehr als nur ein paar zusätzliche Dollar zu verdienen.

Lassen Sie uns sofort mit diesem Verfahren beginnen. Das Schöne an dieser Situation ist, dass wir nichts verkaufen werden. Was wir tun werden, ist Leads für Unternehmen zu generieren. Wir werden für jeden Lead, den wir an diese Unternehmen senden, entschädigt. Wir werden Geld verdienen, indem wir andere dazu bringen, kurze Formulare auszufüllen, in denen weitere Informationen abgefragt werden. So einfach ist das.

Diese Marketingstrategie ist als CPA-Marketing (Cost per Action) bekannt. Wie bereits erwähnt, bin ich mir bewusst, dass dies recht einfach klingen mag, doch einige Personen verdienen ihren Lebensunterhalt ausschließlich mit CPA-Angeboten.

Es gibt viele CPA-Möglichkeiten, die eng mit Studenten verbunden sind. Das bedeutet, dass es Möglichkeiten gibt, die Schulden von Studentendarlehen zu reduzieren oder Stipendien zu erhalten, um die Ausgaben zu decken. Wie können College-Studenten davon profitieren?

Diese Angebote sind in der Regel mit einer hohen Konversionsrate verbunden, was sich in beträchtlichen Einnahmen niederschlägt.

Der Ansatz!

Zunächst müssen Sie sich bei einer CPA-Firma anmelden. Bei einigen Unternehmen müssen Sie zugelassen werden, bevor Sie für deren Angebote werben können, bei vielen anderen jedoch nicht. Führen Sie einfach eine Google-Suche nach "Top CPA-Netzwerke" durch, und Sie werden viele Ergebnisse entdecken.

Sie können auch nach "CPA-Netzwerken ohne Zulassung" oder "wie man von einem CPA-Netzwerk zugelassen wird" suchen. Glauben Sie mir, es ist nicht so kompliziert. Lassen Sie sich von diesem grundlegenden Schritt nicht abschrecken.

Sobald Sie ein Netzwerk aufgebaut haben, nehmen Sie sich etwas Zeit, um Angebote zu finden, die für Studenten interessant sein könnten. Dies sollte nur wenige Augenblicke in Anspruch nehmen. Prüfen

Sie die Vergütung und stellen Sie sicher, dass sie angemessen ist. Ich würde sagen, dass alles, was über 4 Dollar liegt, angemessen ist.

Das Angebot, das Sie auswählen, wird einen langen und unansehnlichen Tracking-Link haben. Diese Verbindung muss gekürzt werden, oder mit anderen Worten, ihre Hässlichkeit muss kaschiert werden. Es gibt verschiedene Möglichkeiten, dies zu erreichen, aber um Ihnen Zeit und Geld zu sparen. Ich werde Ihnen eine effiziente und kostenlose Methode zeigen.

Gehen Sie mit Ihrer Tracking-URL auf die Website bit.ly. Hier können Sie Ihre Verbindung kürzer und verlockender gestalten. Sie können diese Links auch so anpassen, dass sie mit dem CPA-Angebot übereinstimmen.

Erstellen oder besorgen Sie einen einfachen Flyer, um das Angebot zu bewerben. Achten Sie darauf, dass er sowohl einfach als auch ansprechend ist. Fügen Sie bei der Gestaltung des Flyers unbedingt Ihren abgekürzten Tracking-Link hinzu. Viele kostenlose Programme zur Gestaltung von Flyern sind online verfügbar, oder Sie können einen Freund bitten, einen Flyer für Sie zu erstellen. Wenn alles andere fehlschlägt, kannst du auf der fantastischen Website von Fiverr für 5 $ einen Flyer erstellen lassen.

Schritt 5: Drucken Sie zunächst mindestens 100 Flugblätter. Sie können Ihren Drucker benutzen oder das Dokument zu einem relativ preiswerten Druckdienstleister bringen.

Schritt 6: Verteilen Sie diese Flugblätter sorgfältig an Orten, an denen die Leute sie sehen werden. Eine gute Strategie ist es, zu warten, bis der Unterricht zu Ende ist, und die Flugblätter an jedem freien Schreibtisch zu verteilen. Vergewissern Sie sich auch, dass sie an den Schwarzen Brettern auf dem Campus aushängen.

Mit dieser Strategie können Studierende mit geringem Zeitaufwand und geringen Startkosten Geld verdienen. Es gibt eine Fülle von Angeboten, die Sie anbieten können, und viele von ihnen haben lukrative

Pay-per-Lead-Tarife. Es gibt legitime Möglichkeiten, Geld zu verdienen. Werden Sie einfach aktiv.

SCHLUSSFOLGERUNG.

Zusätzlich zu den bereits genannten und erläuterten Möglichkeiten wie Teilzeitjobs auf dem Campus und freiberufliche Arbeit haben Studierende weitere Möglichkeiten, schnelles Geld zu verdienen.

Der Online-Verkauf von Produkten oder Dienstleistungen ist zum Beispiel eine fantastische Möglichkeit, Ihre Interessen oder Fähigkeiten in Einnahmen zu verwandeln. Es kann ausreichen, einen Online-Shop einzurichten, um handgefertigte oder einzigartige Dinge zu verkaufen, oder seine Dienste als Tutor, Autor oder Designer anzubieten.

Die Teilnahme an bezahlten Umfragen und Fokusgruppen ist eine weitere Alternative für Studierende. Als Student können Sie an diesen Umfragen teilnehmen, um zusätzliches Geld zu verdienen, denn viele Unternehmen sind bereit, für die Gedanken und Erkenntnisse ihrer Kunden zu zahlen.

Das Vermieten eines Zimmers oder einer Immobilie auf Airbnb ist eine weitere Alternative für Studenten, die schnelles Geld verdienen möchten. Wenn Sie ein freies Zimmer in Ihrem Haus oder eine Immobilie haben, die Sie nicht oft benutzen, können Sie mit der Vermietung eines Zimmers oder einer Immobilie zusätzliches Geld verdienen. Sie könnten zusätzliches Geld verdienen, indem Sie es an Reisende vermieten. Dies könnte eine hervorragende Möglichkeit sein, um die Miete und andere Ausgaben auszugleichen.

Die Teilnahme an klinischen Studien gegen Bezahlung ist eine weitere Möglichkeit für Studenten, schnell Geld zu verdienen. Bei diesen Studien werden in erster Linie gesunde Personen gesucht, die an der medizinischen Forschung teilnehmen und in der Regel für ihre Zeit entlohnt werden.

Bevor man sich auf eine klinische Studie einlässt, sollte man sich unbedingt über die damit verbundenen Gefahren informieren und gründliche Nachforschungen über die Firma oder Organisation anstellen, die die Studie durchführt.

Und schließlich können Studierende schnelles Geld verdienen, indem sie anderen Nachhilfe geben oder sie unterrichten. Sie können Ihre Dienste als Tutor oder Lehrer anbieten, wenn Sie sich auf ein bestimmtes Gebiet spezialisiert haben oder über eine Fähigkeit verfügen, die Sie anderen beibringen können. Auf diese Weise können Sie schnell zusätzliches Geld verdienen und gleichzeitig andere bei ihrer persönlichen Entwicklung unterstützen.

Es gibt viele Möglichkeiten für Studenten, schnell Geld zu verdienen. Ob Sie eine Teilzeitbeschäftigung auf dem Campus, eine freiberufliche Tätigkeit oder die Möglichkeit suchen, Waren oder Dienstleistungen online zu verkaufen - es gibt verschiedene Möglichkeiten, die Ihren Interessen und Fähigkeiten entsprechen.

Ich hoffe, dieses Buch hat Ihnen nützliche Informationen und Motivation geliefert, wenn Sie über Ihre Möglichkeiten nachdenken, als Student zusätzliches Geld zu verdienen.

Management-Fähigkeiten für Führungskräfte.

1. Zeitmanagement für Manager
2. Mitarbeiter-Coaching für Manager
3. Teambildung für Manager
4. Selbstvertrauen für Manager
5. Verhandlungsgeschick für Manager
6. Kundenservice-Fähigkeiten für Manager
7. Durchsetzungsvermögen für Manager
8. Business-Knigge für Manager
9. Zuhörfähigkeiten für Manager
10. Führungsqualitäten für Manager
11. Kommunikationsfähigkeiten für Manager
12. Präsentationsfähigkeiten für Manager
13. Stressmanagement für Manager
14. Entscheidungsfindung für Manager
15. Konfliktmanagement für Manager.

Serie: Finanzielle Freiheit in jedem Alter.

- Finanzielle Freiheit in den 20ern erreichen
- Finanzielle Freiheit in den 30er Jahren
- Finanzielle Freiheit in den 40ern erreichen
- Finanzielle Freiheit in den 50ern erreichen
- Erreichen der finanziellen Freiheit in den 60ern
- Finanzielle Freiheit in den 70ern und darüber hinaus.
- Finanzielle Freiheit bei Kindern erreichen
- Finanzielle Freiheit bei Teenagern erreichen
- Finanzielle Freiheit bei Studenten erreichen.
- Finanzielle Betrügereien, vor denen man sich im Ruhestand in Acht nehmen sollte.

Serie: Persönliche Finanzen für Sie.
- Kauf und Verkauf von Kryptowährungen für Anfänger
- Warum es Sinn macht, in Dividendenaktien zu investieren.

Serie: Reichtum 2022.

- Online-Unternehmertum.
- Ihr eigenes Unternehmen gründen
- Vermögensverwaltung
- Passives Einkommen.
- 12 Schritte zur Gründung Ihres eigenen Unternehmens.

Serie: Exzellenter Kundenservice.
- Exzellenter Kundenservice im Einzelhandel
- Exzellenter Kundenservice im Fast-Food-Bereich
- Exzellenter Kundenservice im Full-Service-Restaurant
- Exzellenter Kundenservice in der Lehre.
- Exzellenter Kundenservice in der Immobilienbranche
- Exzellenter Kundenservice in einem Call Center
- Exzellenter Kundenservice als Rezeptionist

- Exzellenter Kundenservice in einem Hotel
- Exzellenter Kundenservice im Verkauf
- Exzellenter Kundenservice in jeder Situation.
- Exzellenter Kundenservice in der Zahnarztpraxis
- Exzellenter Kundenservice in der Arztpraxis.

Serie: Schnelles Geld.

- Schnelles Geld in einer Woche
- Schnelles Geld an einem Wochenende
- Schnelles Geld in einem Monat
- Schnelles Geld für Studenten.

Serie: Wie man Werbung macht.

- Wie Sie Ihr Rezeptbuch promoten
- Wie man für sein Kinderbuch wirbt.

Andere Bücher von D.K. Hawkins.

- Wie Sie Ihr Unternehmen während einer Rezession zum Erfolg führen
- Mehrwerte für Kunden schaffen
- Erkennen von Möglichkeiten zur Steigerung des Cashflows.

Autor Bio

D.K. Hawkins. D.K. liest gerne persönliche Geschäftsbücher und verbringt Zeit in der Natur. Es werden noch mehr Bücher in dieser Sammlung erscheinen, also folgen Sie bitte auf Amazon für weitere Bücher.

Vielen Dank, dass Sie dieses Buch gekauft haben.

Ich weiß es wirklich zu schätzen und schätze Sie, meinen hervorragenden Kunden.

Gott segne Sie.

D.K. Hawkins.

www.ingramcontent.com/pod-product-compliance
Lightning Source LLC
Chambersburg PA
CBHW050005230526
45465CB00003BB/1264